KB153089

우리의 불행은 당연하지 않습니다

우리의 불행은
당연하지 않습니다

대한민국의
불편한 진실을
직시하다

김누리 지음

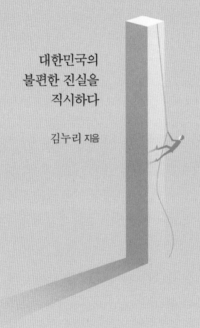

해냄

"우린 지금 이상한 나라에 살고 있다"

이 말은 최근에 들은 말 중 가장 슬픈 말입니다. 비정규직이라는 이유로 위험하고 비인간적인 노동에 내몰려 목숨을 잃은 김용균 씨의 어머니 김미숙 씨가 비정한 세상을 향해 토해낸 말이기에 더욱 가슴이 아팠습니다. 아들의 비참한 죽음의 원인을 뒤쫓으면서 어머니는 당신의 나라를 처음으로 낯설게 보게 된 것입니다.

정말이지 우리는 참 '이상한 나라'에 살고 있습니다. 세계가 부러워하는 정치 민주화를 이루고, 세상이 놀라워하는 경제 성장도 거두었는데, 우리의 불행은 날로 커져만 가고 있습니다. 세계에서 자살률이 가장 높은 나라, 세계에서 노동시간이 가장 긴나라, 세계에서 불평등이 가장 심한 나라, 세계에서 노동자의 죽음이 가장 빈번한 나라가 대한민국입니다. 그뿐 아닙니다. 대한민국은 세계에서 아이들이 가장 우울한 나라이고, 세계에서 아이들을 가장 적게 낳는 나라이며, 세계에서 모두가 모두를 가장 불신하는 나라입니다. 이쯤 되면 가히 인간이 살 수 없는 지옥이라 불러도 과장이 아니겠지요. 젊은 세대가 '헬조선'이란 말을 만들어낸 것은 결코 타박할 일이 아닙니다.

이탈리아 철학자 프랑코 베라르디(Franco Bifo Berardi)는 『죽음의 스펙터클』에서 한국 사회의 특징을 네 가지로 짚었습니다. '끝없는 경쟁, 극단적 개인주의, 일상의 사막화, 생활 리듬의 초가속화'가 그것입니다. 저는 이것이 꼭 지옥의 구성 목록처럼 느껴져 섬뜩합니다.

우리는 왜 이렇게 되었을까요? 우리가 이룬 이 엄청난 정치적, 경제적 성취에도 불구하고 우리는 왜 이렇게 고통스럽게 살아야 하나요? 왜 이렇게 비참하게 굴종하며 기어야 하나요? 왜 우리 아이들은 행복해야 할 유년기와 청년기를 이렇게 우울하게 지내야 하나요? 무엇이, 어디서부터 잘못된 것일까요?

이 책은 이런 물음에 대한 대답을 찾아보고자 하는 작은 시도입니다. 저는 독일이라는 거울에 우리의 모습을 비추어 보는 방식으로 답을 구해보고자 했습니다. 독일은 우리에게 여러 면에서 비교할 가치가 있는 나라입니다. 우선 현대사의 궤적이 가장 유사합니다. 제2차 세계대전 이후 냉전과 분단의 운명을 공유했지요.

국가의 규모도 엇비슷합니다. 통일 이후 독일은 약 8천4백만 인구를 가지고 있고, 통일된다면 한반도는 7천8백만 정도의 규모가 될 것입니다. 통일 이전의 서독과 지금 남한의 인구도 비슷합니다. 우리가 흔히 모델로 삼는 스칸디나비아 국가들이 인구 5백만에서 1천만 정도의 작은 나라인 점을 상기하면 독일은 우리에게 현실적으로 가장 적합한 비교 대상이지요.

독일이 미국 모델에 대한 '대안 모델'이라는 점도 중요합니다. '미국보다 더 미국적인 나라' 대한민국을 개혁하려면 미국에 대한 '안티테제(antithese)'로 평가받는 독일로부터 영감을 얻을 필요가 있습니다.

그렇다고 독일이 유토피아라는 얘기는 결코 아닙니다. 독일도 우리처럼 나름의 수많은 문제를 안고 있는 나라입니다. 그러나 독일은 이 문제들을 비교적 '상식적'으로 해결하는 나라입니다. 달리 표현하면 인간을 소중하게 여긴다는 말입니다. '인간 존엄은 불가침하다'라는 근대 사회의 '상식'을 헌법 제1조로 가진 나라가 바로 독일입니다. 저는 우리가 '헬조선'을 벗어나 유토피아로 진입하기를 바라는 것이 아니라, 인간을 존중하는 상식적인 나라가 되기를 소망할 따름입니다.

저는 2019년 10월과 11월 두 차례에 걸쳐 JTBC 〈차이나는 클라스〉에서 강연을 했습니다. 방송 후에 몰려온 뜨거운 반응에 가장 놀란 것은 저 자신이었습니다. 주요 포털 사이트의 실시간 검

색어 1위라며 여기저기서 전화가 걸려오는가 하면 댓글이 쏟아졌지요. 생각보다 긍정적인 댓글이 많아 또 한 번 놀랐습니다. 나름대로 우리 사회의 금기를 깨는 도발적인 강연을 했다고 생각한 터라, 당연히 제 말을 불편하게 여기는 사람들의 격한 반론이 있으리라 예상했습니다. 그러나 의외로 '공격'하는 사람보다는 '공감'하는 사람이 많았습니다.

이 책은 이 강연을 풀어 쓴 강연록입니다. 131회 '독일의 68과 한국의 86' 편과 132회 '우리의 소원은 통일?' 편을 녹취하여 재구성했습니다. 최대한 방송 내용을 그대로 살렸고, 좀 더 설명이 필요하다고 생각되는 부분은 보충하였습니다. 방송에 나간 것은 실제 촬영분의 3분의 1 정도입니다. 이 책은 방송에서 볼 수 없었던 나머지 내용까지 담고 있습니다. 방송 편집 과정에서 삭제된 내용에는 물론 중복되거나 덜 중요한 것도 있었겠지만, 정치적으로 민감하거나 부담스러운 내용도 있었을 것입니다.

이 책의 내용과 방송의 내용을 비교해 보며 한국 사회에 자리 잡은 민주화와 표현의 자유가 어느 정도 수준인지 가늠해 볼 수도 있겠지요. 그것이 이 책을 읽는 독자 여러분에게 또 다른 재미가 되었으면 좋겠습니다.

2020년 2월
흑석동에서 김누리

제1장
민주주의자 없는 민주주의

제2장 ————————————————————

대한민국의 거대한 구멍

병든 사회에서 거울 보기

저는 원래 독일 문학을 공부했습니다. 그중에서도 현대 소설이 말하자면 저의 '주특기'입니다. 그런 '문학 선생'이 독일 통일을 공부하게 된 데에는 좀 특별한 사연이 있습니다. 우리나라에선 소설 『양철북』으로 잘 알려진 귄터 그라스(Günter Grass)라는 작가를 아시는지요? 저는 그라스의 문학을 공부했고, 그의 작품을 주제로 박사 논문도 썼습니다. 그라스 전문가인 셈이지요. 그런데 제 연구의 대상이자 정신적 스승이었던 그라스가 통일에 대한 찬반으로 독일 사회가 뜨거운 논쟁에 빠져들던 1989년에 가장 앞장서서 통일에 반대하며 나선 겁니다.

당시에 저는 그를 이해할 수 없었습니다. '왜 그라스와 수많은 독일 지식인들이 통일에 반대하지?' 하는 의문을 품으면서, 자연스럽게 '독일 통일과 지식인' 문제에 관심을 갖게 되었고, 그에 대한 글도 발표하게 되었지요.

독일이 통일되던 당시 저는 그곳에 있었습니다. 제가 유학을 떠났을 때가 1989년 4월이었지요. 그 이전까지는 한국 사회가 정치적으로 매우 역동적인 변화를 겪고 있었습니다. 1987년 6월 민주항쟁이 있었고, 그 이후에도 대통령 선거와 공안정국 등으로 국내 정세가 계속 요동쳤습니다. 우연이겠지만, 제가 한국을 떠나니까 한국 사회는 좀 조용해졌고, 제가 유럽에 도착하니 이번엔 유럽 대륙이 막 진동하기 시작했습니다. 그러다가 1989년 11월에 마침내 베를린 장벽이 무너지는 세기의 사건이 벌어진 것이지요.

베를린 장벽이 무너질 당시, 독일에 있던 한국인들은 다른 나라 사람들과 좀 달랐습니다. 거리를 가다 보면 동양인들 중에서 한국인은 금방 알아볼 수 있었지요. 대부분 눈가에 물기가 촉촉해져 있었으니까요. 베를린 장벽이 무너지는 장면을 텔레비전으로 보면서 눈물을 흘렸던 거의 유일한 외국인이 한국인이었습니다. 다른 어느 나라 사람도 독일 통일을 그토록 깊이 감정이입을 하면서 받아들이지는 않았습니다. 저도 당시에 꽤나 자주 눈물을 흘렸습니다. 분단을 겪은 한국인에게 독일 통일의 과정은 각별한 체험이었던 거지요. 저는 브레멘이라는 북부 독일의 작은 도시에 살았지만, 하루 종일 텔레비전 중계를 보면서 빨갛게 충혈된 눈으로 독일 통일 과정을 빠짐없이 뒤쫓았습니다.

이제부터 저는 독일 통일을 포함하여 현대 독일 사회의 모습을 다각도로 조명해 보고자 합니다. 왜 우리는 독일에 관심을 가질까요? 독일은 과연 우리에게 무엇일까요? 저는 수업시간에 학생들에게 이런 질문을 던지고, 또 곧장 이렇게 답합니다.

"독일은 우리에게 '요술 거울(Zerrspiegel)'입니다."

아마도 그런 거울을 보신 적이 있을 겁니다. 거울은 거울인데 그 앞에 서면 내 모습이 마구 일그러지는 거울 말입니다. 독일은 우리에게 그런 '요술 거울' 같은 존재라고 할 수 있습니다. 보통 요술 거울은 제대로 된 모습을 일그러뜨려서 비추지만, 이 거울은 그렇지 않습니다. 있는 그대로 비춰줄 뿐인데 일그러져 보이는 거지요. 우리가 우리 자신을 그동안 잘못 알고 있었다는 것을 깨우쳐주는 거울이라는 의미입니다. 누구에게나 자기가 사는 사회는 일상이 영위되는 공간, 존재가 귀속되어 있는 세계이기 때문에 객관적으로 바라보기가 쉽지 않습니다. 우리도 마찬가지지요.

우리 사회를 냉정한 관점에서 객관적으로 본다는 것은 매우 어렵습니다. 하지만 독일이라는 거울 앞에 우리를 세워놓고 보면, 거리를 두고 우리의 새로운 모습을 바라볼 수 있습니다. 우리가 당연하게 여겼던 우리의 일상, 우리의 삶의 방식이 뭔가 비정상적이고, 부조리하고, 이상한 모습으로 보일 수 있습니다. 우리를 낯설게 대면하게 되는 것이지요.

우리가 다른 나라에 관심을 갖는 이유는 단순히 그 나라에 대한 지식과 정보를 얻기 위해서라기보다는 우리 자신을 좀 더 깊이 알기 위해서입니다. 운전할 때 백미러를 보는 게 뒤로 가기 위해서가 아니라 앞으로 잘 가기 위해서인 것과 같은 이치이지요. 우리가 '밖'의 세상을 보는 건 사실 우리 '안'을 좀 더 잘 보기 위해서입니다. 우리의 민낯을 그대로 비춰주고, 우리의 일그러진 모습을 낯설게 보여주는, 그런 '불편한 거울'이 우리에게 필요한 것입니다.

저의 경험을 예로 들어보지요. 저는 한국에서 석사를 마치고 유학을 떠났습니다. 독문학 석사였으니 당연히 독일에 대해서 좀 안다고 생각했습니다. 그런데 막상 독일에서 살다 보니 너무나 많은 것을 모르고 있었다는 사실에 놀랐습니다.

독일에는 학비가 없다는 정도는 알았지만, 대학 입시도 없고, 고등학교 졸업시험만 통과하면 원하는 대학, 원하는 학과를, 그것도 원하는 때에 갈 수 있다는 사실은 몰랐습니다. 게다가 대학생들에게 생활비까지 준다는 것은 전혀 모르고 있었습니다. 주마다 차이가 있긴 하지만 지금도 매달 대략 100만 원 정도의 생활비를 줍니다.

독일에 대해서 이렇게 무지했기 때문에 유학을 준비할 때부터 좀 황당하다고 느끼는 일들을 많이 겪었지요. 이런저런 유학용 서류들을 제출해야 했는데, 그중에 하나로 '재정증명서(Finanzerklärung)'라는 게 있었습니다. 간단히 말하면, '독일에 가면 내 생활비는 내가 알아서 한다'는 내용이었습니다. 저는 그 서류가 정말 이상하다고 생각했습니다. '내 생활비를 내가 알아서 하는 건 너무나 당연한 일 아닌가. 왜 귀찮게 이런 서류를 제출하라고 하는 거지?' 도무지 이해가 가지 않았습니다. 나중에서야 안 일이지만, 그들에게는 '내 생활비를 내가 알아서 한다'라는 것은 아주 특이한 일입니다. 독일은 대학생들의 생활비를 국가가 챙겨줘야 하는 나라니까요.

한심하게도 석사학위까지 마친 사람이 그런 사실들을 알지 못했습니다. 그러니 막상 독일에서 만난 것은 너무나도 다른 세상이었습니다. 그건 엄청난 충격이었지요. '내가 바라보던 하늘이 전부가 아니었구나.' 제가 우리 사회를 다시 보게 된 것은 아마도 이때부터인 것 같습니다. '우리의 불행은 당연한 게 아닐지도 몰라'라고 생각하기 시작한 거지요. 우리가 당연시한 많은 것이 여기서는 잘못된 것, 부조리한 것, 정의롭지 못한 것이라고 여겨지고 있었으니까요.

오랫동안 우리를 고통스럽게 했던 많은 것들이, 그러나 우리가 마치 '자연의 이치'인 양 아무런 저항 없이 받아들였던 것들이, 독일엔 존재하지 않았습니다. 학교에서의 경쟁도, 등수도 없었고, 죽도록 매달리는 대학 입학시험도, 학비도, 서열도 없었습니다. 물론 지금도 존재하지 않지요.

우리의 젊은 날을 옥죄던 그 모든 것들이 없는데도 이 사회는 잘 굴러갈 뿐만 아니라 행복하기만 했습니다. 학교에서 아이들을 경쟁시키지 않고 대학을 줄 세우지 않는다고 해서 독일의 학문 수준이 떨어진 것도 아니지요. 수많은 노벨상 수상자를 배출했고, 세계적인 학자들이 즐비한 독일의 학문은 여전히 세계 최고 수준입니다.

저는 독일 사회를 보면서 서서히 우리 사회를 새로운 눈으로 바라보게 되었습니다. 이런 살인적인 경쟁과 승자독식의 정글 속에서 불행하게 살아가는 우리의 현실을 새롭게 보게 되었지요. 우리의 삶이 무언가 근본적으로 잘못되어 있다는 것, 우리 머릿속에는 존재하지도 않는 다른 형태의 삶이 가능하다는 것, 우리도 행복할 권리가 있음을 깨닫게 된 것입니다. '우리가 정상이라고 생각해 온 많은 것들이 혹시 비정상이 아닌가'라는 근본적인 회의를 갖게 된 것이지요.

저는 여기서 에리히 프롬이 그의 마지막 책 『건전한 사회(The Sane Society)』에서 이야기한 '정상성의 병리성(pathology of normality)'이라는 개념을 확실하게 이해하게 되었습니다. 너무도 병든 사회에서 아무런 일이 없다는 듯이 '정상'으로 사는 사람은 과연 정상인가요, 비정상인가요? 저는 바로 이러한 문제의식과 관점을 가지고 이야기하고자 합니다.

이제부터 저는 한국 사회를 '독일이라는 거울'에 비춰서 새로운 관점으로 살펴보려고 합니다. 그중에서 첫 번째로 비추어 볼 대상은 바로 한국의 민주주의입니다. '독일 거울'에 비추면 한국 민주주의는 어떤 모습으로 보일까요? 이것은 참으로 흥미로운 주제입니다만, 이를 제대로 살피기 위해서는 우선 68혁명이라는 세계사적 사건을 이해해야 합니다. 한국 사람들은 대부분 68혁명을 잘 모릅니다. 부끄럽지만 저 역시도 마찬가지였습니다. 독문학 석사를 했음에도 불구하고 독일에 갈 때까지 68혁명이 무엇인지 전혀 몰랐습니다. 예나 지금이나 여전히 한국에서는 68혁명을 제대로 아는 사람이 많지 않습니다. 그러나 현대 사회를 이해하려면 68혁명을 반드시 알아야 합니다. 이 혁명이 전 세계를 뒤집어놓았고, 오늘의 세계를 만들었으니까요.

문제는 한국만 예외적으로 68혁명이 없었다는 사실입니다. 이것이 한국 사회에, 특히 한국 민주주의에 어떤 부정적인 영향을 미치고 있는지에 대해 이야기하고자 합니다.

두 번째는 통일에 관련된 이야기입니다. 통일 문제는 우리에겐 정말로 중요한 문제입니다. 북한과 어떤 관계를 맺어야 할지, 남북 경제협력은 어떻게 추진할지, 군사적 긴장은 어떻게 해소할지, 통일 한반도는 어떤 국가 형태를 취할지, 이러한 문제들은 하나같이 우리의 미래를 좌우할 중대 사안입니다.

그런데 저는 통일이 중요한 진짜 이유는 이런 것들보다 훨씬 더 근본적인 데에 있다고 봅니다. 지금 우리가 처해 있는 '분단체제'가 한국이라는 나라를 아주 볼품없는 국가로 만들었고, 한국 사회를 아주 병든 사회로 만들었으며, 한국인을 권위주의적 성격을 가진 아주 특이한 인간 유형으로 만들었다는 사실을 잊지 말아야 합니다.

이런 관점에서 본다면 통일의 문제는 단순히 외적이고 정치적인 문제가 아니라 한국인의 삶 전체를 규정하는 가장 중요한 문제라고 할 수 있습니다. 저는 통일 문제는 우리가 직면한 여러 가지 문제 중에 하나의 문제가 아니라, 그 모든 문제들의 근원을 이루는 문제라고 생각합니다. 저는 이러한 시각에서 한반도 통일을 전망해 보고자 합니다.

제1장

민주주의자 없는 민주주의

우리의 혁명은 도착하지 않았다

민주주의 1등 선진국, 대한민국

우리를 좀 더 객관적으로 바라보는 데서 이야기를 시작해 보지요. 밖에서, 외국에서 바라보는 대한민국은 어떤 나라일까요? 과연 한국은 국제적으로 어떻게 평가받을까요? 우리는 당연히 우리 자신을 잘 안다고 생각하지만 사실 그렇지 않습니다. '요술 거울'을 보듯이 '비교적인 관점'을 가질 필요가 있습니다. 다른 나라와 비교한다거나 어떤 다른 시대, 다른 대상과 비교해 보는 것이 굉장히 중요합니다. 그렇게 비교적 관점을 가지고 밖에서 보면 대한민국은 우리가 아는 것보다 훨씬 더 대단한 나라입니다.

저는 신문, 방송 등 독일 매체들을 비교적 관심 있게 보는 편입니다. 독일과 유럽의 최근 동향을 살피려는 의도도 있지만, 독일에서 한국을 어떻게 보는지, 한국에서 벌어지는 일을 어떻게 보도하는지도 궁금하기 때문입니다. 한국과 관련된 독일 언론의 보도를 볼 때마다 우리나라가 외국에서 더 높이 평가받는구나 하는 느낌을 받곤 합니다.

최근의 예를 하나 들어보지요. 한국 민주주의가 그야말로 세계에서 가장 높은 수준으로 평가받고 있는 놀라운 사례입니다.

현대 민주주의 연구에 관한 세계적인 권위를 인정받는 스웨덴의 '민주주의 다양성 연구소'가 세계 178개국을 대상으로 민주주의의 수준을 비교, 연구한 보고서 「세계적 도전에 직면한 민주주의(Democracy Facing Global Challenges)」가 2019년에 발표되었습니다. 이 보고서에서 한국 민주주의는 어떤 평가를 받았을까요? 12위를 차지했습니다. 하지만 저는 우리나라가 사실상 1위를 했다고 봅니다.

이 연구 보고서에서는 2008년부터 2018년까지 지난 10년간의 민주주의 변화 추이를 조사했는데요. 우리 앞에 있는 나라들은 대부분 작은 나라들입니다. 스웨덴, 덴마크, 네덜란드, 노르웨이, 핀란드, 스위스 등 대체로 인구 5백만에서 1천만 사이의 나라들입니다. 이들은 이미 널리 알려진 대로 민주주의를 잘 정착시킨 국가들입니다. 중요한 것은 이른바 '주요 국가' 혹은 '강대국'이라고 부르는 큰 나라 중에서는 우리가 1등을 했다는 사실입니다.

최근 많이 쓰는 말 중 '30-50 클럽'이라고 들어보셨을 것입니다. 1인당 국민소득 3만 불 이상, 인구가 5천만 명 이상인 나라들을 '30-50 클럽' 국가라고 부릅니다. 이 그룹에 들어가 있는 나라가 의외로 많지 않습니다. 지구상에서 불과 일곱 국가만 이 그룹에 속해 있지요. 어디일까요. 바로 미국, 일본, 영국, 프랑스, 독일, 이탈리아, 그리고 한국입니다.

우리나라가 2019년에 마침내 이 그룹에 일곱 번째로 들어갔습니다. 캐나다는 인구가 안 되고, 중국은 소득이 못 미칩니다. 잘사는 나라로 유명한 싱가포르나 룩셈부르크 역시 인구가 많지 않으니 해당되지 않습니다. 따라서 30-50 클럽이 사실상 소위 '강대국'이라고 부를 만한 나라들인데 우리나라가 여기 포함된 것입니다.

그런데 스웨덴의 연구소가 조사한 결과를 보면 이 7개국 중에서 대한민국의 민주주의가 1등입니다. 깜짝 놀라지 않을 수 없는 결과이지요. 영국, 이탈리아, 독일이 우리 뒤를 이었고, 그다음에 한 단계가 달라지면서 2등급 국가 중에 프랑스, 미국이 뒤따르고, 일곱 나라 중 일본이 꼴찌를 차지했습니다. 이것은 최근의 정치 상황을 돌아보면 상당히 이해가 가는 결과입니다.

프랑스의 경우는 2017년 마린 르펜이라는 극우주의 정치가가 대통령 선거에서 결선투표까지 올라갔습니다. 이를 두고 당시에 많은 지식인들은 프랑스 민주주의의 '파국'을 운위할 정도였습니다. 어떻게 민주주의의 발원지라고 하는 프랑스에서 극단적인 우익 포퓰리스트가 결선투표까지 진출할 수 있느냐고 많은 이들이 개탄했습니다. 결과는 알다시피 현 대통령인 마크롱이 르펜을 저지하고 집권했지요. 아무튼 '르펜 사태' 때문에 프랑스의 민주주의는 국제적인 망신을 당한 것입니다.

미국의 경우에는 사실상 현대 민주주의의 막장을 보여주었다는 평가를 받는 사건이 일어났습니다. 도널드 트럼프라는 '위험한' 인물이 대통령이 되리라고는 당시에 아무도 예상하지 못했습니다. 모든 언론이 힐러리 클린턴의 승리를 점쳤지요.

트럼프는 도대체 어떤 인물입니까. 이와 관련해서는 제가 꼭 추천해 드리고 싶은 책이 있습니다. 밴디 리(Bandy X. Lee)라고 하는 한국계 미국인이 쓴 『도널드 트럼프라는 위험한 사례』라는 책입니다. 예일대학교 정신의학과 교수 밴디 리가 예일대와 하버드대 등 정신의학과 교수 20여 명과 함께 트럼프라는 정치인의 정신 상태를 의학적으로 분석해 정리했습니다. 《뉴욕타임스》에서 극찬을 받기도 한 이 책의 결론은 트럼프가 '정신의학적으로' 제정신이 아닌 '대단히 위험한' 사람이라는 것입니다.

이 책을 읽어보면 지금 미국 내에서 지식인들이 미국 민주주의를 어떻게 바라보는지 객관적으로 알 수 있습니다. 트럼프의 당선은 미국 민주주의의 순위 하락에 결정적인 영향을 미쳤습니다. 그리고 일본의 경우는 긴 이야기가 필요 없으리라 생각합니다. 일본은 내놓고 군국주의를 표방하고 있는 '준(準)파시스트' 아베가 장기 집권하고 있으니까요.

이 보고서를 보면 지난 10년간 변화의 추이가 나오는데 우리나라는 상당히 아래에 있다가 위로 치솟은 경우입니다. 가장 결정적인 전기는 2016년 촛불집회였습니다. 사실 미국은 오바마 대통령 시절에는 우리보다 훨씬 앞서 있었는데 트럼프 등장 이후 뚝 떨어졌습니다.

이 보고서에 나와 있는 지표들은 상당히 신빙성이 있습니다. 결국 우리나라의 순위를 위로 이끈 것은 촛불집회가 결정적이었습니다. 행정부 수반인 대통령이 국정을 농단하고, 시민들이 거리에 나와서 평화적인 시위를 통해서 이에 항의하고, 국민을 대표하는 입법부인 국회에서 그것을 받아 탄핵을 결정하고, 또 사법부인 헌법재판소에서 이를 받아들인, 즉 '인용'한 일련의 과정은 민주주의의 교과서를 그대로 옮겨놓은 것이었습니다. 어느 나라나 이런 삼권분립 체제가 법적으로는 존재하지만, 이것을 실행으로 옮기는 것은 전혀 다른 차원의 이야기입니다. 우리가 민주주의의 정석을 실천한 거지요.

얼마나 위대한지, 얼마나 취약한지

그 무렵에 이런 일도 있었습니다. 2016년 12월 3일 광화문 광장에 2백만 명이 모인 가장 대규모의 촛불집회가 있고 나서 독일의 지식인들이 즐겨 읽는 권위 있는 주간지 《디 차이트(*Die Zeit*)》에는 '이제 미국과 유럽은 한국에서 민주주의를 배워야 한다'라는 취지의 칼럼이 실리기까지 했습니다. 정말 놀라운 일이었지요. 저는 이 칼럼을 보고 너무 감격했습니다. 제가 본 한국 관련 기사 중에 이렇게 기분 좋은 기사는 처음이었습니다.

알다시피 근대 민주주의의 발원지는 유럽과 미국입니다. 우리가 흔히 민주주의를 얘기할 때 미국의 독립선언(1776년), 프랑스의 인권선언(1789년)을 기원으로 삼지요. 그런데 바로 이 민주주의의 발원지인 유럽과 미국이 이제는 우리한테 민주주의를 배워야 한다고 말하고 있으니 얼마나 통쾌한 일입니까. 미국은 트럼프라는 포퓰리스트에 의해, 프랑스는 마린 르펜이라는 극우주의자에 의해 민주주의가 유례없는 위기에 처해 있는 상황에서, 동서 유럽 전역에 극우주의가 번져가면서 정치적 불안이 고조되는 정세 속에서, 유라시아 대륙의 맨 끝에서, 광화문이라는 도심 한복판의 광장에서 성숙한 민주주의의 거대한 촛불이 매주 토요일마다 타오른다는 사실이 많은 유럽인들에게 경이롭게 보였던 것입니다.

국제 사회의 이목을 집중시킨 2019년의 홍콩 시위에서 홍콩 사람들이 〈임을 위한 행진곡〉을 부르는 모습을 보셨는지 모르겠습니다. 심지어 일부는 한국어로 이 노래를 불렀습니다. 정말 놀랍고도 감동적인 장면이었습니다. 홍콩에서는 집회를 주도하는 사람들이 모여서 한국 민주주의의 역사를 공부한다고 합니다. 그렇게 한국 민주주의에 대한 책도 읽고, 〈임을 위한 행진곡〉도 부르고, 심지어 그 노래를 한국어로 부를 정도로 한국 민주주의가 아시아의 모범으로 받아들여지고 있습니다. 홍콩뿐만 아니라 대만과 심지어 중국 본토에서도 마찬가지입니다.

케이팝이 전 세계에 퍼지고 있는 것처럼, 이제 한국 민주주의도 세계로 퍼져나가고 있는 것입니다. '케이 데모크라시(K-Democracy)', 아주 멋진 말이지 않습니까. 이것은 정말 놀라운 일이고, 우리가 뿌듯한 긍지를 가질 만한 일입니다.

촛불혁명이 한창이던 무렵 독일의 제1공영방송인 '아에르데(ARD)'에서도 한국의 촛불집회를 매우 비중 있게 다루었습니다. 당시 저는 특파원과 서너 차례 인터뷰를 한 적이 있습니다. 정말로 신이 났지요. 촛불집회의 의미를 묻는 독일 기자에게 "이것은 한국 민주주의가 얼마나 위대한지를 보여주는 것"이라고 들떠서 소리쳤습니다. "우리는 아주 위대한 민주주의의 역사를 갖고 있는 나라다. 4·19혁명, 5·18민주화운동, 6·10민주항쟁, 이것이 촛불혁명까지 이어진 것이다"라고 신나게 떠들었지요.

그런데 그 말을 하면서 동시에 마음속에서는 '아, 내가 말도 안 되는 소릴 하는구나'라는 또 다른 목소리를 들었습니다. 왜 그랬을까요? 그런 이야기를 하면서 동시에 '과연 위대한 민주주의의 역사를 가졌다는 것이 내포하고 있는 의미가 무엇인가'를 화들짝 깨달은 것입니다.

4·19, 5·18, 6·10, 이렇게 이어져 온 민주주의의 역사는 사실 한국 민주주의가 얼마나 취약한가를 보여주는 것입니다. 한번 생각해 보세요. 4·19혁명은 우리나라 최초의 민주 혁명이지만, 1년 만에 박정희라는 육군 소장의 군사 쿠데타에 의해서 무너졌습니다. 5·18민주화운동은 또 어떻습니까? 전두환 소장의 야만적인 학살과 만행에 의해 또다시 짓밟혔습니다. 그리고 6·10민주항쟁은 비록 대통령 직선제를 쟁취하긴 했지만, 결국 그 선거를 통해 또다시 군 출신인 노태우에게 정권이 넘어갔습니다. 그러고 나서 촛불혁명에 이른 것입니다.

심지어 전 세계가 찬사를 보내는 저 촛불혁명도 기무사령관이 쿠데타적인 방식으로 진압하려는 음모를 꾸몄다는 문건이 나중에 발견되지 않았습니까. 정말 소름 끼치는 이야기입니다. 다시 말하면 한국 민주주의의 역사는 그 이면으로 보면 군사 쿠데타의 역사이기도 한 것입니다. 저는 인터뷰를 하면서 순간적으로 그걸 깨닫고는 다시 이렇게 말했습니다.

"촛불집회가 보여주는 것은 이것이다. 한국 민주주의가 얼마나 위대한지, 그리고 동시에 얼마나 취약한지, 그것을 보여주는 것이다."

그 이후 저는 '왜 우리나라의 민주주의가 이렇게 취약할까' 생각하며 많은 궁리를 했습니다. 왜 우리의 민주주의는 끊임없이 군사독재의 야만 속으로 다시 굴러떨어졌을까? 왜 그런 추락이 반복되었던 것일까? 그렇습니다. 한국 민주주의는 한 번도 안정적으로 지속된 적이 없으며, 여전히 위태롭게 흔들리고 있는 것입니다. 왜 그럴까요?

광장 민주주의와 일상 민주주의

우리는 상당히 오랜 기간 수많은 투쟁과 희생을 치러냈고, 실로 위대한 민주주의를 이룩했습니다. 그럼에도 불구하고 여전히 한국 민주주의는 충분히 성숙하지 못했습니다. 그 점에 대해 제 나름의 진단을 말씀드리자면, '민주주의자 없는 민주주의' 때문이라는 것이 제 생각입니다.

우리가 민주주의자가 아닌데 민주주의를 어떻게 하지? 하는 물음인 셈입니다. 얼마 전 이런 의미에서 한 신문에 「민주주의자 없는 민주주의」라는 칼럼을 쓴 적이 있습니다. 광화문에 모여서 목이 터져라 민주주의를 외친 사람이 집에 가서는 완전히 가

부장적인 아버지요, 다음 날 학교에 가서는 아이들을 쥐 잡듯이 들볶는 권위주의적 교사요, 혹은 회사에 가서는 갑질을 일삼는 상사라면, 민주주의는 어디서 하지요? 다시 말하면 이 나라에서는 '광장 민주주의'와 '일상 민주주의'가 괴리되어 있다는 것입니다. 우리가 아직 충분히 민주주의자가 되지 못한 거지요. 일상 민주주의는 광장 민주주의와 무엇이 다른 것일까요? 일상 민주주의를 실천하려면 어떻게 해야 하는 것일까요?

우리 사회가 광장 민주주의의 성장에도 불구하고 일상 민주주의에서 여전히 낙후되어 있는 것은 뿌리 깊은 유교 사상과도 밀접한 관계가 있을 것입니다. 일본 제국주의 식민통치와 군사독재 시대가 남긴 집단주의, 군사주의, 병영문화 등도 깊은 관련이 있겠지요. 바로 이런 것들이 뒤얽혀서 일상 민주주의가 실현되는 것을 가로막고 있다고 볼 수 있습니다.

이중에서도 특히 주목해야 할 것은 군사문화의 전면적인 지배입니다. 우리는 군사문화가 너무도 뿌리 깊고, 너무도 널리 퍼진 사회에 살고 있습니다. 지금도 대학에서 군대식으로 학생들 군기를 잡는다는 보도가 나오곤 하지요. 그러다가 폭력에 의해 학생들이 다치는 일도 다반사입니다. 운동선수들이 정기적으로 해병대 훈련장 같은 곳에서 '정신교육'을 받기도 하고요. 어떤 텔레비전 프로그램에서는 연예인들을 군대 내무반 같은 곳에 처넣고 여기서 벌어지는 일들을 방송으로 보여주는데, 사람들은 그것을 보면서 낄낄댑니다. 사디스트(sadist)와 마조히스트(masochist) 들의 향연입니다. 정말 야만적인 행태이고, 계몽된 사회에서는 있을 수 없는 일입니다.

이런 모습이야말로 바로 일상의 파시즘이라고 할 수 있습니다. 절대 있어서는 안 될 일들이 이 사회에서는 너무도 비일비재하게 일상적으로 벌어집니다.

그런 야만적인 방송을 깔깔대며 볼 수 있다는 사실은 무엇을 의미할까요? 그것을 전혀 낯설게 느끼지 않는다는 것, 그런 모습들에 익숙하다는 것을 의미하겠지요. 다시 말하면, 우리 내면에 그런 모습들을 우스갯거리로 소비할 수 있는 파쇼적 심성 구조가 자리 잡고 있다는 것이지요. 파쇼적 심성이 없는 사람들이 그 방송을 봤다면 '어떻게 저런 걸 보고 저렇게 웃지? 너무 피학적인 사람들이네'라고 생각할 것입니다. 이를테면 독일에서 그런 예능을 방송에 내보낸다면 아마도 난리가 날 겁니다.

아직 이루지 못한 일상 민주주의의 한 모습은 아시아나 박삼구 회장의 갑질 사건에서도 발견할 수 있었습니다. 아시아나 항공사의 직원들이 오너의 갑질을 비판하기 위해 거리로 나섰던 일을 기억하시나요? 당시 시위에 참여했던 직원들은 모두 가면을 쓰고 나왔습니다. 바로 그 직전까지도 얼굴을 치켜들고 박근혜 퇴진을 외치던 바로 그 광장에서 말이지요. 이것은 무엇을 뜻할까요? 우리는 대통령은 내놓고 비판할 수 있지만, 사장은 비판하지 못하는 나라에 살고 있는 것입니다. 사장에게 항의하는 집회에서는 마스크를 쓰는 것도 모자라 음성 변조기가 달린 마이크까지 사용합니다. 이런 현상을 어떻게 봐야 할까요.

사실 '시위'라는 것은 본래 자신을 드러내는 행위입니다. 시위를 뜻하는 영어 '데몬스트레이션(demonstration)'이라는 말 자체가 '자신을 드러낸다'는 뜻인데, '자신을 감추는' 시위는 과연 무엇일까요? 그것은 사실 시위의 부정, 즉 반시위입니다. 이러한 반시위가 보여주는 것은 우리 내면에 자리 잡은 뿌리 깊은 두려움입니다.

한국인들은 정치의 광장에서는 부당한 국가 권력에 맞서 자기를 거리낌 없이 드러내지만, 일상의 공간에서는 공개적으로 불의한 권력에 저항하지 못합니다. 말하자면 정치의 민주화는 어느 정도 이루었지만, 일상의 민주화는 아직 갈 길이 멀다는 얘깁니다.

이제 광장 민주주의는 일상 민주주의로 확장되고 심화되어야 합니다. 우리가 사는 삶의 현장에서 민주주의를 요구하고, 실천해야 하는 거지요. 저는 「광장의 촛불, 삶의 현장에서 타올라야」라는 칼럼에서 이렇게 강조했습니다.

우리는 광장에서 '민주주의자 없는 민주주의'는 없다는 것을 배웠다. 민주주의는 민주주의자들의 연합체이다. 그렇기에 민주주의는 단지 정치 제도의 문제가 아니라, 삶의 태도의 문제이다. 타인을 배려하고 존중하며, 약자와 공감하고 연대하며, 불의에 분노하고 부당한 권력에 저항하는 태도―이러한 심성을 내면화한 민주주의자를 길러내지 못하는 한 제도로서의 민주주의는 언제라도 독재의 야만으로 추락할 수 있다. 이것이 광장의 촛불이 내 마음속에서, 우리의 삶 속에서 다시 타올라야 하는 이유다.

2

빼앗긴 주인의 권리를 되찾기 위해

조교도 총장을 할 수 있는 대학

일반적으로 민주주의라고 하면 한 사회구성체의 작동원리 전체를 포괄한다고 생각하지만, 조금 다른 층위들을 세분해서 살펴보면 민주주의라는 현상을 더 의미 있게 분석할 수 있습니다. 이제부터 이를 정치 민주화, 사회 민주화, 경제 민주화, 문화 민주화 이렇게 네 영역으로 구분해서 살펴보도록 하겠습니다.

대한민국은 정치 민주화가 상당히 잘 이루어진 나라라고 할 수 있습니다. 전 세계가 찬탄할 정도로 훌륭한 민주화를 이뤘습니다. 이것을 압축적으로 보여준 것이 지난 2016년 촛불시위이고요. 여기에는 의문의 여지가 없습니다.

그러나 사회 민주화는 어떨까요? 사회 민주화가 과연 무엇인가에 대해서는 여러 관점에서 이야기할 수 있겠지만 일반적으로 말하자면 사회 각 영역에서 개별 조직 내의 구성원들이 어느 정도까지 자치적인 운영을 하고, 자율적인 결정을 하느냐 하는 정도를 뜻한다고 할 수 있습니다.

예를 들어보지요. 저는 현재 중앙대학교에서 대학 선생으로 일하고 있습니다. 중앙대학교라고 하는 하나의 교육기관, 대학이라는 고등교육기관에서 말입니다. 대학이라는 기관의 구성원은 교수, 학생, 교직원 등이 되겠는데, 과연 이 구성원들이 대학을 운영하는 데 주체가 되는가 아니면 완전히 객체로 취급당하고 있는가를 봐야 합니다. 이사장이 대학 운영의 전권을 독점하고 있는 중앙대의 경우는 대학의 구성원들이 대학 운영의 객체로서 배제되어 있는 상태이므로, 사회 민주화가 전혀 안 되어 있는 조직이라고 할 수 있지요. 이처럼 사회 각 조직의 민주적 운영 방식이 사회 민주화의 핵심이라고 할 수 있겠습니다.

사회 민주화와 관련해서 독일 베를린 자유대학 총장 선출의 사례를 들어보겠습니다. 베를린 자유대학은 아주 진보적인 기풍으로 유명한 대학입니다. 이 대학은 1969년까지는 학장제 대학이었습니다. 총장이 없었지요. 그러다가 1969년에 처음으로 총장제가 도입되었는데, 그 첫 총장이 바로 롤프 크라이비히(Rolf

Kreibich)입니다. 이 인물의 사례를 보면 사회 민주화가 무엇을 뜻하는지 금방 알 수 있습니다.

민주주의는 기본적으로 구성원들의 자치에 의해서 이루어지는 것이라고 말씀드렸습니다. 구성원들의 의사가 어떻게 민주적으로 모아지는가 하는 것, 즉 조직의 지배구조가 어떻게 조직 내부에서 형성되는가 하는 것이 사회 민주화의 요체입니다. 간단히 말하면 사회 민주화의 기본 원리는 '구성원들의 자치'입니다.

독일도 사실은 1968년 이전까지는 사회 민주화를 제대로 이루지 못했습니다. 68혁명 이전 독일 대학은 유럽에서 가장 보수적인 대학에 속했습니다. 당시 독일 대학은 '정교수 대학(Ordinarienuniversität)'이라고 불렸습니다. 정교수가 중심이 되어 운영되는 대학이었기에, 정교수들의 권력은 막강했습니다. 당시 정교수는 과거 봉건시대에 존재했던 제후나 영주 못지않은 정도의 절대적인 권력을 행사했지요. 그러니 모든 면에서 엄청나게 권위주의적인 행태를 보였습니다.

그런 대학이 68혁명 이후에 완전히 바뀌게 됩니다. 68혁명을 통해서 학생들은 대학의 급진적인 민주화를 요구했습니다. 대학의 구성원인 3주체, 즉 교수, 학생, 조교/강사가 권력을 균등하게 3분의 1씩 나누어 가져야 한다고 주장했지요. 이것을 '3분할 원칙(Drittelpariätsprinzip)'이라고 합니다.

우리는 대학의 구성원이라고 하면, 교수와 학생은 곧장 떠올리지만 강사와 조교에 대해서는 선뜻 생각하지 못합니다. 하지만 강사와 조교 없이 대학이 돌아갈 수 있을까요? 강사와 조교를 독일에서는 '학문 중간층(wissenschaftlicher Mittelbau)'이라고 합니다. 학문 세계의 가운데에서 교수와 학생을 매개해 주는 사람들이지요. 대학에서 행정을 담당하는 이들은 사무직 노동조합으로 별도로 조직되어 있었습니다. 그들은 대학이라는 '학문 공동체'의 일원은 아니라고 보는 것이지요.

아무튼 교수와 학생, 학문 중간층, 이렇게 세 그룹이 대학 운영에 대한 어떤 결정을 할 때 33.3퍼센트씩의 지분을 동등하게 나누어 가지고 참여합니다. 대학 운영과 관련해서 많은 안건들이 있지만 그중에서도 제일 중요한 것은 바로 총장 선출이지요. 어떤 인물이 총장이 되느냐에 따라서 대학 운영의 방향이 정해지는 것이니까요.

그렇다면 여기서 사립대학일 경우 설립자나 이사장의 역할에 대해 궁금할 수 있습니다. 잠깐 답을 드리자면 독일은 사실상 사립대학이 거의 없습니다. 98퍼센트의 대학이 국립대입니다. 이에 비해 한국은 사립대학이 기형적으로 많습니다. 한국은 사립대학의 비율이 87퍼센트로 세계에서 사립대학의 비중이 가장 높은 나라입니다. 세계에서 가장 기형적인 고등교육체제를 가진 나라라고 해도 과언이 아닙니다.

사립대학 하면 제일 먼저 떠오르는 나라가 미국이겠지요. 그러나 미국조차도 실제 사립대학 비율이 20퍼센트를 넘지 않습니다. 하버드, 예일, 스탠퍼드, 프린스턴, 브라운 등 '사립대학의 천국'이라고 불리는 미국에서도 대다수 대학들은 주립이나 공립의 칼리지(College)들입니다.

그에 비해 한국은 사립대학이 너무도 압도적인 비중을 차지하고 있는데, 이는 정부가 고등교육을 완전히 방치해 왔고, 지금도 방치하고 있기 때문입니다. 사립대학의 비율이 극단적으로 높은 우리와는 달리 독일은 대부분 국립대라서 설립자나 이사장의 입김은 걱정할 필요가 없습니다.

다시 베를린 자유대학 이야기로 돌아가 보지요. 베를린 자유대학에서 대학의 세 주체가 3분의 1씩 권한을 나눠 가진 후 치러진 선거의 결과는 어땠을까요? 1969년 롤프 크라이비히라는 조교가 후보로 나왔습니다. 크라이비히는 당시 석사를 마치고 한 연구소의 조교로 있던 인물이었습니다. 그러니까 총장 선거에서 교수 대표와 조교 대표가 맞붙게 된 것이지요. 여기서 학생들의 전폭적인 지지를 등에 업은 크라이비히가 58퍼센트를 얻어 42퍼센트를 얻은 교수를 누르고 초대 총장에 오릅니다. 조교가 총장이 되다니 한국에서는 상상도 할 수 없는 일이지요. 그는 4년 후에도 입후보해서 다시 당선됩니다. 그래서 8년 동안 총장직을 수행하지요.

그는 일을 썩 잘한 모양입니다. 이후의 평가들을 보면 그가 총장직을 맡았을 때에 진취적인 문화가 뿌리내리고 자유로운 학풍이 자리 잡아 대학이 큰 발전을 이루었다는 평가가 많습니다. 당시 크라이비히가 대단히 특별한 일을 한 건 아닙니다. 그는 교수 중심의 폐쇄적인 대학을 학생과 조교들의 목소리도 충분히 반영하는 민주적인 공간으로 변화시켰고, 이를 모든 구성원들이 높이 평가한 것이지요.

롤프 크라이비히의 이야기는 하나의 사례일 뿐입니다. 독일에서는 많은 사회 영역에서 이와 유사한 일이 이루어졌습니다. 이것이 바로 사회 민주화입니다. 한국의 대다수 사립대학에서는 여전히 재단 이사장이 총장을 임명하고 있습니다. 이런 일은 사실 세계적 기준에서 보면 있을 수 없는 일입니다. 한 나라의 고등교육기관에서 그 대표를 이사장 마음대로 임명한다? 이것은 야만 중의 야만이라고 할 수밖에 없습니다. 이처럼 독일의 사례와 비교해 보면, 한국에서는 사회 민주화가 아직 멀고도 먼 미래의 일로 보입니다.

노사공동결정제, 독일 경제 성장의 비밀

우리는 경제 민주화 이야기를 많이 합니다. 넓은 의미에서 경제 민주화를 어떻게 규정할지에 대해서는 여러 가지 견해가 있겠지만, 기본적으로 경제 기구, 특히 기업 안에서 과연 어느 정도 민주적인 의사 결정이 이루어지는가를 경제 민주화의 기준으로 살펴볼 수 있습니다.

일반적으로 사회에 존재하는 다양한 기관들, 그러니까 교육기관, 공공기관, 언론기관 등 많은 기관들 중에서 가장 민주화가 안 된 곳이 어디일까요? 바로 기업입니다. 한국에서는 노조 조직률이 10퍼센트밖에 안 됩니다. 그러니 기업 내에서 노동자는 대단히 열악한 상황에 처해 있습니다.

한국 기업에서는 그 소유자가 그야말로 전제 군주처럼 행동합니다. 모든 걸 자의적으로 결정하고 해고도 거의 마음대로 합니다. 이런 행태가 지금 한국 기업의 모습입니다. 이런 곳에서 민주화를 이야기한다는 것 자체가 어불성설이지요. 그 정도로 한국은 경제 민주화가 전혀 안 되어 있는 나라입니다.

독일은 우리와 많이 다릅니다. 그러니까 기업 안에서 어떤 노동자가 마음에 들지 않는다고 사용자가 마음대로 해고를 하는 일은 상상도 할 수 없습니다. 우리나라 기업에서는 갑질이 큰 이슈가 되곤 하지만, 독일에서는 그런 일이 거의 없다고 봐야 합니다. 왜냐하면 갑질을 하는 것이 원천적으로 불가능하니까요. 우리나라에서 갑질은 그 개개인의 인성이 잘못돼서 그런 면도 물론 있겠으나, 제도적으로 그걸 허용하기 때문에 가능한 것입니다. 권력을 가지고 있으니 행사할 수 있는 것이지요. 사용자가 노

동자들에게 하는 것을 보면 경제 민주화는 곧장 사회 민주화와
도 연결이 되어 있음을 알 수 있습니다.

우리는 많은 독일 기업들을 알고 있습니다. 아디다스, 메르세
데스 벤츠, 비엠더블유, 지멘스, 보쉬, 루프트한자 등과 같은 세
계적인 기업들의 공통점은 무엇일까요? 그 기업들은 전부 이사
회의 50퍼센트가 노동자입니다. 사실상 노동자가 기업의 가장
중요한 주체라고 말할 수 있습니다. 독일에서는 이사회의 절반을
노동자가 차지하도록 법으로 정해놓았습니다. 우리에게는 정말
로 충격적인 이야기 아닙니까.

큰 기업들은 대부분 이사회가 20명으로 구성되는데, 이중에
10명이 노동이사이고 나머지 10명은 주주총회에서 뽑는 주주이
사입니다. 그래서 주주와 노동자가 정확하게 50퍼센트씩의 권력
을 분점하는 구조입니다. 그런데 대개의 경우 주주이사들은 이
해관계가 두세 파로 나눠져 있는데 비해 노동자들은 대체로 이
해관계가 일치합니다. 그렇기 때문에 회사의 대표를 선출할 경
우 어떻겠습니까? 사실상 노동자를 등지고는 회사의 대표로 선
출되기 어렵습니다. 그러니까 노동자들이 사실상 회사의 대표를
결정한다고 얘기해도 과언이 아닙니다. 독일에서는 이것을 노사
공동결정제(Mitbestimmung)라고 부릅니다.

이렇게 노사공동결정제가 있으니 어떻겠습니까? 무엇보다도
독일 기업은 위기에 강합니다. 2008년에 세계금융위기가 모든

나라를 충격에 빠뜨렸던 당시 독일 기업은 오히려 더 잘나가는 모습을 보였습니다. 노동자들이 회사의 경영 전반을 다 파악하고 있으니까 특히 위기 때 선제적으로 대응할 수 있습니다. 노사 갈등이 거의 없을 뿐만 아니라, 미리 앞서서 임금을 낮추고 노동시간을 줄이는 등 위기에 대처하는 것이지요. 그 대신 해고는 절대로 안 된다는 원칙도 강력하게 표명하고요. 우리는 위기가 오면 노사 갈등이 심해지는데, 독일은 오히려 노사 갈등이 사라집니다.

사실 독일만 노동이사제(노동자 대표가 이사회에 들어가 발언권과 의결권을 행사하는 제도)를 가진 것은 아닙니다. 유럽 연합에 가입된 27개국 중에서 아홉 나라만 빼고 18개국이 전부 노동이사제를 시행하고 있습니다. 이들 국가들은 대부분 노동이사 비율이 30퍼센트 정도입니다. 노동 이사의 비율이 50퍼센트를 차지하는 나라는 전 세계에서 독일이 유일합니다.

독일이 세계에서 가장 강력한 노동이사제를 가지고 있다는 사실은 역사의 역설이라고도 할 수 있습니다. 독일은 1945년 2차 세계대전이 끝나기 전까지 아돌프 히틀러라고 하는 전대미문의 독재자가 통치하고 있었지요. 이 나치즘의 경험이 노동이사제 혹은 노사공동결정제의 탄생에 결정적인 영향을 주었습니다.

히틀러 정권은 1933년에서 1939년까지 6년 동안 전쟁 준비를 하고, 1939년부터 1945년까지 6년 동안 전쟁을 수행한 전쟁 정

44

권이었습니다. 히틀러는 전쟁을 준비하면서 당시 독일에 있던 대기업들을 완전히 자기 손아귀에 장악해 버립니다. 그는 대기업들 대부분을 전쟁 기업으로 재편하고, 독일의 산업 체제를 전시 산업 체제로 전환했습니다.

전쟁이 끝난 후 독일에 들어온 연합군은 나치 체제를 청산하는 과정에서 고민에 빠집니다. 과연 기업 영역에선 어떻게 나치즘을 청산해야 할까? 이들이 내린 결론은 이렇습니다. 나치가 기업 전체를 완전히 장악해서 삽시간에 전쟁 기업으로 전환시킬 수 있었던 원인은 무엇보다도 노동자의 권력이 너무나 약했기 때문이라는 것입니다. 따라서 나치즘과 같은 재앙이 다시는 일어나지 않게 하기 위해서는 기업 내부에서 노동자의 권한을 강화해야 한다는 생각을 하게 된 것이지요. 결국 나치즘의 역사가 노사공동결정제의 탄생에 결정적인 구실을 하게 된 셈입니다. 이렇게 역사는 때론 참으로 역설적인 행보를 보입니다.

노사공동결정제는 1961년부터 시행되기 시작했는데, 처음부터 모든 기업에 이 제도가 적용된 것은 아닙니다. 몬탄(Montan)이라고 불리는 석탄과 철강 관련 기업들이 먼저 노사공동결정제를 시행했습니다. 그런데 전혀 예상치 못한 일이 벌어졌습니다. 이사회에 노동자가 50퍼센트를 차지하면서, 오히려 회사가 더 성장하게 된 것입니다. 노사간에 서로 갈등도 없고 협조하는 분위기 속에서 생산성도 높아진 것이지요. 그 후 노사공동결정제는 석탄 철강 분야를 넘어 점점 다른 분야로 확산되었습니다. 여러 기업에서 '우리도 하자'라는 분위기가 번져가면서 결국 지금의 모습으로 진화한 것입니다.

볼프강 미슈니크(Wolfgang Mischnick)는 1976년에 노사공동결정제 법안을 대표 발의한 인물입니다. 여기서 정말 놀라운 것은 미슈니크가 자유민주당(FDP)의 원내 대표였다는 사실입니다. 노동자 계층을 대변하는 일은 통상 사회민주당이라든가 혹은 노동당 같은 정당에서 떠맡곤 하지만, 그게 아니었습니다. 자유민주당은 가장 강력하게 자유시장경제를 주장하고 기업가의 이해를 대변하는 정당인데, 그런 정당의 원내 대표가 이 법안을 대표 발의한 것입니다. 이 자체가 너무도 놀라운 사건입니다.

저는 미슈니크가 당시에 법안을 발의하면서 한 연설을 보고 너무나 감동적이어서 울컥했습니다. "우리 시민들은 국가 시민(Staatsbürger)으로서는 의회와 정부를 구성하는 핵심적인 주권을 가진 존재이다. 그러나 경제 시민(Wirtschaftsbürger)으로서는 노예로 산다. 이것은 있을 수 없는 일이다." 자유민주당의 원내 대표가 이렇게 노동자의 '존엄성'을 역설했고, 그에 이어 표결에 들어갔습니다. 389 대 22. 압도적인 다수로 법안은 통과되었습니다. 이렇게 세계 최초로 노동자가 이사회의 50퍼센트를 차지하도록 보장하는 법안이 독일 연방의회에서 탄생한 것입니다.

이에 대해 좀 더 관심이 있는 분들은 제가 쓴 칼럼 「독일 경제

기적을 낳은 노동자 경영참여」를 읽어보시라고 권합니다. 독일은 이런 역사적인 경험을 통해 경제 민주화를 완성시켰습니다. 이제 독일에서는 '산업 평화(Industriefrieden)'라는 말을 많이 합니다. 노사 간에 서로 존중하고, 협력하는 가운데 산업 평화를 이룬 것입니다. 독일 경제는 노사가 서로의 권리를 존중하고 또 서로를 신뢰하면서 오늘의 모습을 갖추게 되었지요. 경제 민주화야말로 경제 발전의 토대임을 보여준 것입니다. 우리가 정말로 많이 배워야 할 부분입니다.

'이름 대 이름'이 의미하는 것

서독은 1969년에 처음으로 정권 교체가 이루어집니다. 서독이 탄생한 게 1949년이니까 정확히 20년 만에 정권이 바뀐 것입니다. 정권 교체를 이룬 사회민주당(사민당, SPD) 후보 빌리 브란트 (Willy Brandt)가 내건 선거 구호가 너무나 인상적이었습니다. 저는 이 구호를 보고 '아 선거 구호도 이렇게 아름다울 수 있구나' 하는 생각을 처음 했습니다.

당시 브란트의 선거 구호는 "데모크라티 바겐(Demokratie wagen)!"이었습니다. '바겐(wagen)'이라는 말은 우리말로 옮기자면 '과감하게 다 해보자'라는 뜻이 될 겁니다. '민주주의 할 수 있는 데까지 다 해보자', '민주주의 어디까지 할 수 있나'. 아 정말 가슴이 뛰지 않나요? '민주주의 다 해보자'라니.

독일은 정말 이때 '다 한' 겁니다. 베를린 자유대학 총장 롤프 크라이비히도 이런 시대 분위기 속에서 나온 것입니다. 조교 출신인 크라이비히가 총장이 된 뒤 70년대부터는 베를린 자유대학을 비롯한 독일의 많은 대학에서 교수들의 데모가 빈번하게 발생했습니다. 당시 교수들은 대학의 3주체의 권리를 인정한 '3분할 원칙' 자체를 부정한 것은 아니었습니다. 그들은 "3분할 원칙, 인정한다. 그러나 특수한 영역, 즉 학문적 전문성이 요구되는 영역에서는 교수의 과반을 인정해 달라"라고 주장합니다. 말하자면 교수를 임용하는 과정이나 연구 프로젝트를 기획하는 영역 등에서는 교수의 전문적 역량을 인정해 달라는 것이지요. 누가 보아도 타당한 요구였기에 1973년에 헌법재판소는 교수들의 손을 들어주었습니다.

그럼 '데모크라티 바겐'은 실제로 어떻게 이루어졌을까요? 쉬운 예를 하나 들어보지요. 1968년 이전, 즉 68혁명이 일어나기 전까지는 독일 대학에서 저를 부르려면 굉장히 복잡했습니다. "Sehr geehrter Herr Prof. Dr. Nury Kim(매우 존경하옵는 교수이자 박사이신 김누리 씨)!" 이렇게 장황하게 불러야 했지요. 교수를 한번 부르려면 이름 앞에 어마어마한 수식어가 붙었던 거지요. 그런데 68혁명 이후에는 그 수식어가 모두 사라지고 "Nury(누리)!" 이렇게 이름만 부르게 된 것입니다. 이것이야말로 혁명이지요. 문화혁명입니다.

사실 많은 교수들이 저항도 했습니다. 그러나 68세대의 대다수 젊은 교수들은 이제야말로 대학도 새로운 문화로 변해야 한다고 생각했습니다. 실제로 제가 다니던 브레멘 대학에서도 교수와 학생은 서로 이름을 불렀습니다. 또한 많은 교수들이 "나는 여러분과 함께 연구하는 사람으로서(ich als Mitstudierender)"라는 말을 즐겨 사용했는데, 저는 교수들이 스스로 학생과 동격으로 자신을 낮추는 모습에, 혹은 학생들을 자신과 동격의 연구자로 대우하는 모습에, 신선한 충격을 느꼈습니다. 교수들이 자신을 학생들에게 진리를 가르치는 진리의 독점자가 아니라 학생과 같이 연구하는 학문의 동료라고 생각한 것입니다.

이것은 문화 민주화에 대한 하나의 사례입니다. 사실 충격적인 일이지요. 거창한 존칭과 수식어를 걷어내고 이름만을 부르는 순간 사람들의 관계에는 엄청난 변화가 시작됩니다. 문화라는 건 인간과 인간이 맺는 관계들의 총합이라고 할 수 있습니다. 문화 민주화란 바로 이 관계들의 민주적 변화를 뜻하는 것이지요. 남성과 여성, 교사와 학생, 부모와 자식, 남편과 아내, 이런 관계들이 수평적으로 바뀌는 것입니다. 독일에서는 68혁명을 통해서 이런 문화 민주화가 이루어지기 시작했는데, 우리에게는 아직도 요원한 일이지요.

새로운 삶을 위한 도발

이제 문화 민주화, 나아가 문화혁명의 핵심적인 사례인 '코뮌 (Kommune)' 운동에 대해 알아보지요. 코뮌이란 무슨 뜻일까요? 유사한 말들을 많이 들어보셨지요. '파리 코뮌'이라든가, 코뮤니 즘이라든가, 코뮤니티(커뮤니티)라든가, 이런 말에 코뮌이 들어가 있지요.

우리는 흔히 코뮤니즘을 '공산주의'라고 알고 있지만, 저는 이 것이 아주 잘못된 번역이라고 생각합니다. 그냥 '코뮌주의'라고 했으면 훨씬 그 의미가 왜곡 없이 전달될 수 있었을 것입니다. '공산'이라고 번역해 버리니까, '공동체를 중시한다'라는 코뮤니즘 의 본래 의미가 지나치게 '경제주의적으로' 축소되어 버린 것입 니다. '코뮌주의'라고 하거나 그냥 '코뮤니즘'이라고 하는 게 더 나 았습니다. 원래 코뮌주의라고 하는 것은 '코뮌', 즉 자치 공동체의 삶을 중시하는 생활 방식, 거기에 동의하는 사람들의 결사체, 연 합, 이런 것들을 뜻합니다.

'코뮌'이란 넓은 의미에서 모든 종류의 공동체적 삶을 뜻하는 말입니다. 우리가 알고 있는 '코뮤니즘'이 경제적인 공동체를 중 시하는 사회구성체를 의미한다면, 68혁명 시기에 활발하게 조직 되었던 코뮌은 성(性) 공동체를 의미했습니다.

68혁명 전후로 독일에서는 많은 코뮌들이 생겨납니다. 처음에

퀼른에서 '코뮌 1'이 생긴 이후 전국에서 우후죽순처럼 생겨나지요. 이것은 일종의 성 공동체로서, '재산을 공유하기 이전에 성을 공유해야 진정으로 이상적인 세계를 만들 수 있다'는 유토피아적 생각을 공유한 자들이 만든 것입니다. 이들이 부정한 것은 무엇보다도 모노가미(Monogamie), 즉 일부일처제입니다.

이것은 앞서 '민주주의 다 해보자'라는 주장이 성의 영역에서 실행된 것이라고도 볼 수 있습니다. 다시 말하면 성 해방이라는 실험을 급진적으로 감행한 것이지요. 이러한 실험이 현실에서 과연 어느 정도까지 가능했을까요?

근대 시민사회에 사는 우리는 성을 근본적으로 일부일처제의 틀 속에서 생각합니다. 즉 결혼 제도를 통해서 한 남성과 한 여성이 만나는 것을 정상으로 생각하는 것이지요. 하지만 68세대는 일부일처제야말로 재산권을 영원히 계승시키기 위한 자본주의의 사회적 전제라고 보았습니다. 그러니까 자본주의를 극복하기 위해서는 우선 재산을 공유하기에 앞서 성을 공유해야 한다고 본 것이지요. 이러한 '코뮌' 운동에 이론적 토대가 된 것은 바로 빌헬름 라이히(Wilhelm Reich)의 사상이었습니다.

물론 코뮌 운동이 현실적으로 오래 지속될 수는 없었습니다. 하지만 하나의 실험으로서는 굉장히 중요한 의미를 가지게 되었고, 그 영향은 지금까지도 도처에 남아 있습니다. 예를 들어 독일 대학에서는 남자 기숙사와 여자 기숙사를 구분하지 않습니다. 그런 구분 자체가 성차별이라고 생각합니다. 대부분의 기숙사는 '주거 공동체(Wohngemeinschaft)' 형태로 되어 있습니다. 각자의 방을 가지고, 식당과 거실을 공동으로 사용하는 공동체 생활을 하는 것이지요. 여기에 남녀 구분은 없습니다. 동독의 경우에는 샤워실도 공동으로 사용했다고 하지요.

사실 우리의 경우에는 상상하기 어려운 일이지요. 이렇게 개방된 공간에서 남녀 학생들이 함께 생활해도 성폭력이라든가, 성희롱이라든가 하는 사건은 거의 일어나지 않습니다. 한편으로는 성교육을 통해 높은 성 의식을 키우고, 다른 한편으로는 성에 대한 범죄를 아주 엄격하게 처벌합니다.

호칭의 문제, 성 공동체의 실험, 이런 것들이 문화혁명의 한 단면을 보여줍니다. 문화혁명의 또 다른 중요한 단면은 소비주의와 물질문명에 저항하는 탈물질주의의 흐름입니다. '히피'라는 말을 들어보셨지요. 히피들은 물질문명, 소비사회에서 떠나서 자연과 더불어 사는 새로운 삶의 가능성을 급진적으로 실험한 사람들입니다. 물론 이런 탈물질주의가 보편적으로 사회의 주류 문화가 되지는 못했습니다만 지금도 여전히 상당한 영향력을 가지고 있습니다. 우리에게는 탈물질주의적 삶에 대한 경험이나 실험은 말할 것도 없고, 상상력 자체가 부족합니다. 최근에 와서야 조금씩 그런 인식과 각성이 싹트고 있을 뿐이지요. 이 모두가 다 68혁명의 부재와 관련이 깊습니다.

3

68혁명, 모든 형태의 억압을 거부하다

부조리한 세상에 맞서다

대한민국은 오늘날 민주주의의 대표적인 모범 국가로 세계가 인정하는 나라고, 그것은 참으로 자랑스러운 일입니다. 실제로 우리는 참으로 위대한 정치 민주화를 이루었습니다. 그런데 자세히 들여다보니 우리는 정치 민주화만 이룬 것입니다. 사회 민주화, 경제 민주화, 문화 민주화의 실현은 여전히 먼 길입니다. 그것이 바로 우리의 현실이 암울한 이유입니다.

그러면 왜 이렇게 되었을까요? 궁금증이 생기지 않을 수 없습니다. 여기에는 많은 답이 가능하겠지만, 저는 무엇보다도 한국에

68혁명과 같은 과정이 없었기 때문이라고 말합니다. 그래서 이제 68혁명 이야기를 좀 더 구체적으로 하려고 합니다. 실은 한국 사람들 대부분이 68혁명에 대해 제대로 모릅니다. 최근에 들어서야 그것이 조금씩 알려지고 있습니다. 1968년에 무슨 일이 있었던 것일까요? 그해 5월, 프랑스 파리를 중심으로 거대한 변혁 운동이 일어나기 시작했습니다. 이 변혁 운동은 빠른 속도로 전 세계에 파급됩니다. 이 운동의 핵심적인 구호는 '모든 형태의 억압으로부터 해방'입니다.

여기서 중요한 말은 바로 '모든'이라는 말입니다. 한번 생각해 보십시오. 우리를 옥죄고 있는 억압, 참으로 많지요. 유교적 윤리의 억압, 부모로부터의 억압, 여성에게 강제된 어떤 루틴들도 억압입니다. 육아도 여성에게 강제된 것이지요. 또한 자본주의로부터 비롯된 억압이 우리를 짓누르고 있지요. 왜 꼭 직업을 가져야 되지? 왜 꼭 돈을 벌어야 되지? 그런 강박관념도 일종의 억압이라고 할 수 있습니다.

나의 행동을 알게 모르게 통제하는 사회적인 시선 그 자체도 억압일 수 있습니다. 바로 이런 모든 종류의 억압으로부터 해방을 추구하는 운동이 1968년에 폭발한 것이고 그 폭발의 지점이 파리였습니다. 파리에서 시작된 68혁명의 불길은 베를린, 로마, 바르셀로나, 마드리드 등 서구 세계를 휩쓸더니 당시 냉전체제하에서 '철의 장막'이라고 불리던 거대한 이념의 장벽까지 뚫고 동유럽으로 번져갔습니다.

왜 갑자기 모든 억압으로부터의 해방을 외치는 목소리가 세계적으로 터져 나온 것일까요? 결정적인 역사적 계기는 바로 베트남전쟁입니다. 사실 베트남전쟁이 본격적으로 시작된 것은 1964년경부터입니다. 이때부터 베트남전쟁에 반대하는 반전운동도 시작되었는데, 이 반전운동이 확산될 수 있었던 아주 중요한 요인은 다름 아닌 매체의 변화였습니다.

1965년부터 전 세계적으로 텔레비전이 보급됩니다. 그러자 젊은이들이 베트남전쟁의 참상을 텔레비전을 통해서 눈으로 보기 시작했던 거지요. 많은 젊은이들이 미국이란 나라는 자유세계를 지켜주는 수호자라는 인식을 가지고 있었는데, 베트남전쟁을 보도하는 뉴스를 보며 미국도 일개 제국주의 국가에 불과한 것이 아닌가 하는 회의적인 시각을 갖게 됩니다. 그리고 전쟁의 참상을 보면서 굉장히 깊은 도덕적인 분노를 갖기 시작했습니다.

베트남전쟁을 다룬 유명한 사진들을 한 번쯤은 보았을 것입니다. 폭격을 피해 발가벗은 몸으로 달려 나오는 어린 여자아이의 사진은 퓰리처상을 받는 등 베트남전쟁의 참상을 알리는 상징처럼 되었지요. 바로 그런 참혹한 광경들을 보고 젊은이들이 충격을 받았고 깊은 도덕적 상처를 입은 것입니다. 비틀즈 음악도 당시 젊은이들의 그런 저항적인 분위기를 반영하는 측면이 있지요.

또 다른 결정적인 요인은 미국과 소련 간에 벌어진 군비 경쟁입니다. 특히 핵무기 경쟁이 이 시기에 이르면 절정으로 치닫습니다. 이미 1965년 무렵에 인류를 수백 번 절멸할 정도의 핵무기를 비축해 놓고 있었는데도 더 우위를 점하겠다고 서로 치열한 경쟁을 벌이고 있었지요.

젊은 세대가 베트남전쟁을 보면서 '우리가 알고 있는 세계가 과연 제정신을 가진 정상적인 세계인가' 하는 깊은 회의감에 빠져 있는 상황에서, 설상가상으로 미소 간에는 인류를 멸살하기 위한 광기 어린 경쟁을 벌이고 있으니 이들이 어떤 생각을 가졌겠습니까. 어른들이 만들어 놓은 이 모든 질서, 이 모든 가치들이 틀린 게 아닐까? 하는 급진적인 회의를 갖기 시작합니다. 60년대 중반부터 그런 의식들이 형성되기 시작했는데, 그 당시에 가장 많이 쓰이던 말이 '부조리(absurd)'라는 말입니다. '부조리한 세상'이라는 말이 당시 젊은이의 의식을 대변하고 있었습니다.

부조리한 세상. 어떻게 이렇게까지 터무니없을 수 있는가. 인간을 그렇게 무수히 죽인 것도 모자라서, 더 많은 인간을 죽일 수 있는 무기를 만들기 위해 이토록 어처구니없는 경쟁을 벌이다니. 어떻게 어른들은 이런 세계에 저항하지도 않고 입으로만 세계 평화를 떠들어댈 수 있는가. 어떻게 베트남이라고 하는 저 제3세계의 작은 나라를, 세계 최강의 힘을 가진 나라가 저리도 무차별적이고 약탈적인 방식으로 공격할 수 있는가.

요컨대 베트남전쟁을 보면서 도덕적 충격을 느끼고, 미소 간의 핵무기 경쟁을 보면서 부조리한 세계를 체험한 젊은 세대가 기성세대 전체를 부정하고 기성 가치 전체를 회의하는 상황에 이른 것입니다. 그들은 기성세대가 만들어 놓은 가치 질서에 근본적인 의문을 제기하기 시작합니다. 결국 기성세대가 이루어 놓은 것은 기실 거대한 억압의 체제이고, 이것을 혁파해야 한다는 결론에 이르게 된 것이지요. 여기서 '모든 형태의 억압으로부터 해방'이라는 68혁명의 핵심 구호가 탄생하게 됩니다.

세계를 뒤엎은 68혁명

68혁명은 좁게 보면 1968년 5월 프랑스에서 발생한 사건과 그것이 불러일으킨 일련의 변혁 운동을 말하지만, 넓게 보면 60년대 중반 이후 나타나 70년대 초반까지 계속된 거대한 변혁의 흐름을 뜻하기도 합니다. 예를 들면 독일의 경우엔 68혁명 이전인 1967년에 일어난 사건이 결정적인 중요성을 갖습니다. 1967년 5월에 이란의 독재자 팔레비 국왕 부부가 베를린을 방문했을 때 잔혹한 독재자를 규탄하는 시위에 나선 베를린 자유대학 학생 벤노 오네조르크(Benno Ohnesorg)가 경찰의 총에 맞아 사망하는 사건이 발생합니다. 그때 어마어마하게 큰 규모의 시위가 일어났습니다. 독일의 68혁명은 이때부터 시작된 것입니다. 이후 나라마다 조금씩 시차가 있기는 하지만 대체로 1968년 파리 시위를 기점으로 혁명의 열기는 전 세계로 확산됩니다.

여기서 좀 주목해서 보아야 할 것은 68혁명이 서유럽을 넘어 동유럽까지 덮쳤다는 사실입니다. 당시는 냉전 시대였고, 동유럽과 서유럽 사이에는 소위 '철의 장막'이 강고하게 버티고 있었습니다. 그 냉전의 장막을 뚫고 동유럽까지 혁명의 불길이 번진 것입니다. 우리가 잘 아는 '프라하의 봄'도 그때 있었던 일이고 위로는 폴란드 바르샤바, 아래로는 헝가리 부다페스트까지 번졌지요. 그리고 다시 서쪽으로는 도버 해협을 지나서 런던으로, 다시 대서양을 건너서 뉴욕, 그다음에 미 대륙을 횡단해서 샌프란시스코와 로스앤젤레스까지 갑니다. 그다음에는 태평양을 건너서 일본 도쿄까지 이르게 되는데, 안타깝게도 대한해협은 넘지 못합니다.

저는 68혁명의 흐름이 우리나라에만 도달하지 못한 것이야말로 한국 현대사에서 결정적인 사건 중 하나라고 생각합니다. 이것은 한국의 문화를 다른 나라보다 반세기가량 지체시킨 중요한 사건이었습니다. 우리는 세상이 당연하지 않다고 여기는 수많은 일들을 당연하다고 여기고 있고, 문화적으로 세계의 흐름에 매우 뒤처져 있는 현상들을 매일 목도합니다. 문화 민주화나 경제 민주화, 사회 민주화가 아직도 이루어지지 않은 것 역시 바로 이

68혁명의 물결이 우리에게 닿지 못했기 때문입니다.

그럼 68혁명이 도달한 일본은 왜 저 꼴이 되었을까요? 일본이라는 나라를 이해하기 위해서는 많은 분석이 필요합니다. 일본 68혁명의 경우는 아주 치명적인 문제가 있었습니다. 보통 '우치게바(うちゲバ)'라는 말을 쓰는데, '우치'라는 것은 '안'이라는 뜻이고, '게바'는 독일어 게발트(gewalt)의 약어로 '폭력'이라는 뜻입니다. 다시 말해 우치게바는 내부 폭력이라는 뜻이지요. 일본의 68세력, 즉 전공투(全共鬪, 전국학생공동투쟁회의) 내부에서 벌어진 끔찍한 폭력 사태가 일본 68혁명의 몰락을 초래한 것입니다. 일본의 전공투 내에서 자기들끼리 거의 수십 명을 서로 죽이는 참극이 벌어졌습니다. 또한 아사마 산장을 점거한 연합적군이 동지 12명을 잔혹하게 살해한 사실이 드러나면서 일본 적군파는 내부적으로 거의 와해됩니다.

그러나 일본의 온건한 68세대는 오늘날에도 여전히 일본의 사회적 양심을 대변하고 있습니다. 2019년에 벌어진 한일 갈등과 관련하여 아베를 꾸짖는 일본의 양심 세력 대부분이 온건파 68세대입니다. 그래서 일본 68의 현재적 의미가 전혀 없다고는 할 수 없습니다. 특히 일본의 여러 지방에서 이루어지는 다양한 신사회 운동은 68세대의 유산이라고 할 수 있습니다. 전반적으로 일본의 68세대는 중앙정치에서는 밀려났으나, 지방의 생활정치에서는 상당한 영향력을 유지하고 있다고 볼 수 있습니다. 우리가 소위 일본의 양심적 지식인이라고 부르는 이들은 대부분 68세대입니다. 대표적인 인물로는 노벨 문학상 수상 작가인 오에 겐자부로, 한국사 전문가인 동경대 교수 와다 하루키 등이 있습니다.

'모든 형태의 억압으로부터 해방'은 구체적으로 무엇을 의미할까요? 주된 억압의 형태는 나라마다 달랐습니다. 억압의 양상이 각 나라의 상황에 따라 상이했던 것이지요.

1968년을 전후한 시기에 미국은 어땠을까요? 당연히 반전이 가장 중요한 사회적 이슈였습니다. 여기저기서 반전운동이 터져 나왔습니다. 이와 동시에 흑인 운동이 거세게 일어납니다. 말하자면 백인의 지배로부터 흑인을 해방해야 한다는 운동이 미국에선 굉장히 중요한 정치적 의제가 됩니다. 블랙 팬서(Black Panthers, 1965년 결성된 미국의 급진적인 흑인 운동 단체)도 그즈음에 생겨난 것이고, 마틴 루터 킹 목사의 암살이 벌어진 것도 1968년이었습니다. 이 해에 흑백 갈등이 절정으로 치달았고, 흑인해방 운동이 상당한 성과를 거뒀지요.

프랑스에서는 자본과 노동 사이의 갈등이 가장 중요한 요인이었습니다. 그래서 프랑스의 68운동은 학생과 노동자의 연대, 즉 '노학 연대'를 통해 자본주의의 문제를 강하게 비판하는 방향으로 전개됐습니다.

과거청산과 교양 사회

독일은 어땠을까요. 독일의 경우는 바로 68세대들이 지금 우리가 알고 있는 '새로운 독일'을 만들었습니다. 우리는 독일을 과거청산잘한 나라, 복지 정책을 잘한 나라, 통일 잘한 나라로 알고 있지요. 그런데 이 모든 것은 사실 68혁명 이후에 이루어진 것들입니다.

1945년 2차 세계대전 종전 당시 독일은 지금의 독일과는 다른 나라였습니다. 우선 나치 체제하에 저질렀던 과거 만행에 대한 청산이 전혀 안 된 나라였습니다. 지금의 일본과 비슷했다고 할 수 있습니다. 일본의 아베가 어떤 사람인가요? 기시 노부스케라고 하는 에이급 전범의 외손자입니다.

68혁명 당시 독일의 수상은 기독교민주당(기민당, CDU)의 쿠르트 게오르크 키징거(Kurt Georg Kiesinger)였는데, 그는 젊은 시절 나치 당원이었습니다. 나치 당원의 전력을 가진 자가 수상에 오를 정도로 독일은 과거청산이 안 된 나라였던 거지요.

키징거가 1966년에 취임할 때, 작가 귄터 그라스는 독일의 저명한 신문《프랑크푸르터 알게마이네 차이퉁(*Frankfurter Allgemeine Zeitung*)》에 공개 편지를 싣습니다. 취임하는 날 아침에 실린 편지의 내용은 대략 이렇습니다.

지금이라도 늦지 않았으니 사임하십시오. 당신은 그동안 독일 국민들에게 많은 상처와 수치심을 주었습니다. 나치 당원이었던 당신이 수상이 된다면, 앞으로 아이들에게 어떻게 역사를 가르칠 수 있겠습니까. 이제 당신에게 애국할 기회가 주어졌습니다. 사임이야말로 당신이 애국할 마지막 기회입니다.

물론 키징거는 그라스의 말을 듣지 않았습니다. 이후 1968년 독일의 분위기는 짐작하실 수 있을 것입니다. 그 무렵 매우 상징적인 사건이 터집니다. 1968년 11월 6일 기민당 전당대회에서 여성 언론인 베아테 클라스펠트(Beate Klarsfeld)가 갑자기 단상에 뛰어올라 키징거 총리의 뺨을 때린 것입니다. 그녀는 큰 소리로 "나치는 꺼져!"라고 외쳤습니다. 당시 클라스펠트는 29세였습니다. 이는 독일 68의 성격을 특징짓는 매우 상징적인 사건입니다. 독일 68은 무엇보다도 과거청산을 중요시했던 것입니다.

과거청산이 그렇듯이, 복지체제 또한 68혁명 이후에 정비되었습니다. 독일은 원래 복지국가가 아니었습니다. '라인 강의 기적'이라는 말을 들어보셨을 겁니다. 독일은 전후 급속한 경제성장을 자랑하던 나라였습니다. 그 과정에서 사회적 분배 구조가 굉장히 나빠졌습니다. 그런데 1969년 이후에 빌리 브란트 정부가 들어서면서 비로소 복지국가 체제를 확충하게 됩니다. 하나의 예를 들어보지요. 대학생에게 준 생활비, 즉 바푁(BAföG)이 대표적 사례입니다.

독일의 대학은 원래 등록금이 없었습니다. 등록금은 1946년부터 없어지기 시작합니다. 1946년이면 언제인가요? 바로 2차 세계대전에서 패배한 직후 독일의 전 지역이 폐허였던 시기였습니다. 그런 참혹한 시기에 등록금을 없애기 시작했다는 것은 정말 놀라운 일입니다. 물론 그냥 없앤 건 아닙니다. 당시에 프랑크푸르트 대학을 다니던 칼 하인츠 코흐라는 학생이 위헌 소송을 제기합니다. '모든 국민은 균등하게 교육받을 권리가 있다'라고 명시되어 있는 독일 기본법 규정을 들어 헌법소원을 낸 것이지요.

우리나라에도 헌법 제31조에 교육권 조항이 있습니다. 그래서 저는 학생들한테 독일에서 한 것처럼 너희도 헌법소원을 내라고 말합니다. 사실은 한국에서도 학생들이 집단적으로 문제 제기를 해야 합니다. 우리처럼 잘사는 나라에서 이렇게 엄청난 액수의 대학 등록금을 낸다는 것을 독일 사람들은 이해하지 못합니다. 한국에서는 아직까지도 그런 권리 의식이 없습니다.

이처럼 독일은 1946년부터 등록금이 없어졌지만, 생활비는 학생 스스로 해결해야 했습니다. 그러다 보니 부잣집 아이들은 공부만 하는데, 가난한 집 아이들은 일하면서 공부할 수밖에 없었지요. 이런 상황에서 학비에 이어 생활비까지 주어야 한다는 주장을 펼친 이가 바로 사회민주당의 빌리 브란트입니다.

1969년 선거에서 "민주주의 다 해보자"라는 멋진 선거 구호를 들고 나왔던 브란트는 교육과 관련해서도 정말 아름다운 구호를 내세웠지요. 바로 '교육 사회(Bildungsgesellschaft)'입니다. '교양 사회'라고도 옮길 수 있습니다. 모든 독일인이 수준 높은 교육을 받아 교양인으로 살 수 있는 사회를 만들자는 것이지요. 그러려면 고등교육을 확충해야 하고, 나아가 누구나 부담 없이 교육을 받을 수 있도록 생활비를 주어야 한다는 것입니다.

독일은 패전국의 폐허 속에서도 학비 없는 교육을 이루었고, 60년대 말에는 생활비까지 지원하게 됩니다. 우리의 경우는 어떤가요? 세계에서 우리나라처럼 정부가 교육을 방임하고 있는 나라는 없습니다. 대학의 87퍼센트가 사립대학이고, 중·고등학교도 사립학교가 많습니다.

물론 한국의 이런 기형적인 교육 체제는 불가피한 측면이 있습니다. 우리 현대사의 비극 때문이지요. 식민 지배에서 갓 독립한 국가로서 대한민국은 열악한 재정 상태에서 출발했고, 나라가 가난하다 보니 교육비를 감당하기 어려웠던 것입니다. 그래서 각 지역의 유지들이 교육 사업을 떠맡게 되었고, 정부는 이들에게 토지개혁 과정 등에서 많은 혜택을 주었지요. 이 때문에 해방 직후 사립학교들이 우후죽순처럼 생겨났습니다.

하지만 지금 우리나라는 세계에서 가장 잘사는 나라들 중 하나가 되었습니다. 세계에서 일곱 번째로 '30-50 클럽'에 들어간 나라이고, 경제 규모가 세계 10위권에 드는 나라입니다. 그럼에도 불구하고 여전히 국가가 교육에 대한 책임을 방기한 채 사립 학교 체제를 유지하고 있다는 것은 정말이지 직무유기입니다. 이제는 대학교까지 학비를 모두 없애야 합니다. 독일은 전후의 배상금 지불까지 포함해서 그야말로 재정적으로 파산이 난 나라였습니다. 의지만 있으면 대학까지 무상교육을 실시할 수 있다는 것을 보여준 역사적 사례인 거지요.

아우슈비츠와 비판 교육

독일에서는 자신들의 치욕적인 역사에 대해 어떻게 교육할까요? 우선 히틀러가 집권한 기간이 12년에 불과하다는 사실에 주목할 필요가 있습니다. 현 총리인 앙겔라 메르켈이 집권 16년에 접어들고 있다는 사실을 상기해 보면, 히틀러가 집권한 기간은 그리 긴 기간이 아닙니다. 더욱이 독일의 장구한 역사에 비한다면 아주 짧은 기간이라 할 수 있겠지요. 그렇지만 독일에서는 학교 역사 시간의 절반을 히틀러 시대, 나치 시대에 할애합니다. 우리가 이렇게 잘못했고, 인류에게 이런 재앙을 몰고 왔다, 정말이지 다시는 이런 비극이 반복되어서는 안 된다라고 가르치는 것입니다.

그러니 일부에서는 '과잉 청산'이 아니냐, '자학 사관'이 아니냐,

독일인으로서 우리 아이들의 자의식이 너무 약해지는 것이 아니냐 하고 비판하는 목소리도 있습니다. 그러나 그것은 어디까지나 소수의 목소리입니다. 다수의 국민들은 더 철저한 과거청산을 원합니다. 빌리 브란트가 독일 과거청산의 신호탄 역할을 한 것입니다. 다른 측면에서 보면 68세대가 빌리 브란트를 통해서 독일을 '과거청산의 나라'로 만들었다고도 할 수 있습니다.

독일이 오늘날 성공적인 과거청산을 이룬 나라로 인정받게 된 것은 무엇보다도 브란트 정부 시기부터 시작된 교육개혁 덕분입니다. 70년대 독일의 교육은 그야말로 과거청산 교육이라고 해도 과언이 아닙니다. 테오도르 아도르노(Theodor Wiesengrund Adorno)라는 사상가가 이를 '아우슈비츠 이후의 교육(Erziehung nach Auschwitz)'이라는 말로 정식화했습니다. 독일 교육은 아우슈비츠 '이후'의 교육으로서 '더 이상 아우슈비츠가 반복되어서는 안 된다'는 목표를 가진 교육이어야 한다는 뜻이지요. 바로 이 목표 아래 독일의 교육개혁은 진행되었습니다.

'아우슈비츠 이후의 교육'으로서 독일 교육의 독특한 성격을 가장 잘 보여주는 것은 바로 '비판 교육(Kritische Pädagogik)'입니다. 정말 특이한 교육이지요. 세계에서 비판 교육을 교육의 원리로 채택하고 있는 나라는 독일밖에 없을 것입니다.

한번 생각해 보세요. 교육의 핵심적인 목적이 비판 의식을 함양하는 데 있다는 것을 상상할 수 있겠습니까. 어느 나라든 교육의 중점은 '적응'에 있는 법입니다. 기존의 질서와 규범을 익혀 잘 적응하도록 하는 것, 보통 '사회화'라고 부르는 것이 일반적인 교육의 목표이지요. 그러나 독일 교육에서는 '적응'보다 '비판'을 더 중시합니다. 기존의 질서에 대한 비판적인 안목을 기르는 것, 불의한 권력에 저항하는 능력을 키우는 것, 이것이 독일의 비판 교육입니다. 정말 놀라울 수밖에 없습니다.

그래서 독일에서는 청소년들이 굉장히 비판 의식이 강합니다. 선생님은 "내가 하는 말을 믿지 마라. 왜 그런 말을 하는지 그 배후를 의심해라. 비판적으로 사유해야 성숙한 민주시민이 된다"라고 가르칩니다.

예를 하나 들어볼까요. 저는 독일의 고등학교 국어 교과서를 보고 깜짝 놀랐던 적이 있습니다. 고등학교 1학년 국어 교과서 제1장의 제목이 충격적이었습니다. '올바른 해석은 존재하는가 (Gibt es eine richtige Interpretation)?' 문학 텍스트를 읽을 때 우선 옳은 해석의 존재 유무에 대해서 사유해야 한다는 것이지요. 여기서 이미 '해석학'의 대주제가 다루어지고 있는 것입니다. 바로 문학이라는 다의성의 세계에 초대장을 건네는 것이지요. 「님의 침묵」에서 님이 연인인지, 조국인지 고르라는 우리의 해석 폭력과는 차원이 다른 것입니다. 문학작품의 해석을 마치 작가의 의도를 찾는 보물찾기로 생각하는 우리 교육과는 아주 다르지요.

독일 교육에서는 문학작품을 해석하는 데에도 권력의 문제를 성찰하게 하는 것입니다. 정답이라는 이름의 '정의 권력(Definitionsmacht)'을 인식하고, 필요하면 비판해야 한다고 보는 것이지요. 이런 비판 의식이 한국 교육에는 전적으로 결여되어 있습니다.

권력 비판 얘기가 나왔으니까 하나의 예를 들어보지요. 한국의 '개그' 프로그램은 깊은 의미에서 개그가 아닙니다. 사실 개그나 코미디는 기본적으로 정치 풍자에서 온 것입니다. 독일의 경우 개그나 코미디는 거의 대부분의 내용이 권력 비판입니다. 2017년에 제가 독일에서 본 텔레비전 코미디는 100퍼센트 정치 비판이었습니다. 주요 소재는 트럼프와 김정은이었고, 가끔 메르켈도 등장했지요. 권력자들의 터무니없는 행태들이 개그나 코미디의 소재가 되는 것이지요. 권력의 이중성과 기만성을 고도의 지적 통찰로 폭로하는 것, 그것이 개그의 정수인 것입니다.

반면 한국에서는 권력을 비판하는 개그는 거의 찾아볼 수 없습니다. 그저 사회적 약자를 공격하고 조롱합니다. 뚱뚱하다는 둥, 못생겼다는 둥, 게으르다는 둥, 무능하다는 둥 외모를 비하하거나 약자를 조롱합니다. 정말로 한국 사회가 얼마나 병든 사회인지를 전도된 개그 정신이 증언하고 있습니다. 권력을 비판하지 못하는 개그가 약자를 공격하는 형태는 그 자체로 한국 사회의 병리성을 보여주는 것입니다.

독일의 비판 교육은 비판적 사유 능력을 기르는 것을 목표로 삼기 때문에 학생에 대한 평가 방식도 우리와는 상이합니다. 우리처럼 사지선다, 오지선다 하는 '선다형' 문제는 전혀 없고, 단순한 지식을 묻은 '단답형' 문제도 거의 없습니다. 이런 식의 평가 방식 자체가 반교육적이라고 생각하는 거지요. 선다형 문제는 모르고도 맞출 수 있다는 점에서 교육적이라기보다는 '사기'에 가깝다고 봅니다. 단순한 지식을 묻는 것은 위험하다고 여깁니다. 그것은 주입식 교육에 상응하는 평가 방식이고, 주입식 교육은 파시스트 교육의 전형이기 때문입니다.

사실 '모든 지배적인 지식은 지배하는 자의 지식'이라고 보기 때문에 지식 그 자체보다는 특정 지식이 지배적인 지식이 된 경로를 파악하는 것이 더 중요하다고 보는 것이지요.

그래서 독일 아이들은 아주 어린 나이부터, 그러니까 글자를 깨우치기 시작할 무렵부터 자기 생각을 글로 쓰는 교육을 받습니다. 국어 교과서를 예로 들었지만 정답을 고르는 것이 아니라, 자신의 '해석'을 논리적으로 표현하는 훈련을 하는 것이지요. 문학작품을 쓴 작가가 어떤 시대에, 어떤 환경에서, 어떤 의도로 그런 작품을 썼는지 텍스트를 둘러싼 '콘텍스트' 즉 맥락을 이해하고, 그것을 바탕으로 작가의 의도를 파악하며, 이에 대해 자신의 비판적 견해를 표명하도록 가르치는 것입니다.

저는 다양한 일을 하는 독일 친구들이 많습니다만, 그들에게는 하나의 공통점이 있다는 것을 요즘에 깨달았습니다. 모두 확고한 자기 생각을 가지고 있다는 것입니다. 그들은 대개 어떤 사건이나 현상의 이면을 깊게 들여다보는 안목을 가지고 있습니다. 어릴 때부터 늘 스스로 생각하도록 교육받은 결과겠지요. 독일 교육은 독일의 높은 정치의식의 토대입니다. 저는 이 점이 정말 부럽습니다.

이런 배경에서 보면 독일의 '백만 난민의 기적'도 이해할 수 있습니다. 2015년 유럽이 시리아 난민 문제로 진통을 겪었던 시기를 기억하실 겁니다. 당시에 수만 명의 난민을 받아들이는 문제가 유럽의 거의 모든 나라에서 정치적 논쟁을 불러일으켰습니다. 영국에서 브렉시트(Brexit, 영국의 유럽연합 탈퇴를 뜻하는 신조어)가 국민투표를 통해 결정된 것도, 프랑스에서 극우주의적인 '국민연합'의 마린 르펜이 대통령 선거 결선투표에 진출한 것도 모두 바로 난민 사태의 후폭풍이었지요.

유럽 전체가 난민 문제로 들끓던 바로 이 시기에 독일의 앙겔라 메르켈 총리는 시리아 난민 100만 명을 받겠다고 선언한 것입니다. 이 선언은 전 세계를 경악하게 했지요. 더 놀라운 것은 메르켈이 이 선언을 실천했다는 사실입니다. 2015년 한 해만 해도 115만 명의 난민을 받아들인 것입니다. 이것은 다른 어느 나라에서도 상상할 수 없는 일이었습니다.

어떻게 이런 일이 가능했을까요. 이와 관련하여 우선 퀴즈를 하나 내겠습니다. 독일은 세계 최고의 수출국으로 알려져 있는데요, 독일의 최고 수출품은 무엇일까요? 메르세데스 벤츠나 비엠더블유, 아디다스나 지멘스, 여러 가지가 있겠지요. 그러나 저는 독일의 가장 빛나는 수출품은 독일 헌법 제1조라고 생각합니다. 그것은 "인간 존엄은 불가침하다(Die Würde des Menschen ist unantastbar)"입니다. 이 헌법 제1조가 유럽연합의 헌법이라고 할 수 있는 '유럽 헌장'에 수출된 것입니다. 유럽 헌장 제1조가 바로 "인간 존엄은 불가침하다"입니다.

저는 독일이 백만 난민의 기적을 이룬 바탕에는 인간 존엄을 지키는 것을 국가의 존재 이유로 삼은 국민적 합의, 시민적 의식이 있었다고 생각합니다. 그리고 이런 높은 정치의식을 가진 시민을 길러낸 것이 독일의 비판 교육이라고 확신합니다.

사회적 정의를 추구하는 정치

68혁명 이후 최초의 정권 교체를 이뤄낸 빌리 브란트가 사회 개혁의 핵심어로 삼았던 말은 바로 '사회적 정의(Soziale Gerechtigkeit)', 즉 '소셜 저스티스(Social Justice)'입니다. 사실 이 말은 브란트뿐만이 아니라 독일 정치인이면 대부분이 입에 달고 다니는 말이지요.

저는 한국 정치인 중 사회적 정의를 외치는 사람을 거의 보지 못했습니다. 한국 정치인들은 입만 열면 '경쟁력'을 말합니다. 국가 경쟁력, 기업 경쟁력, 교육 경쟁력 등 온통 외치는 것이 경쟁력입니다. 그런데 독일 정치인들은 거의 대부분이 '사회적 정의'를 중시하고, 사회적 정의를 이루기 위한 경쟁을 합니다. 이것이 우리와 결정적으로 다른 점이지요.

대학생 생활비 지원 제도인 '바푁'은 바로 이런 사회적 정의의 구현이라는 관점에서 생겨난 것입니다. 그러니까 부잣집 아이들은 공부만 해도 되는데 가난한 집 아이들은 일하면서 공부해야 한다는 것은 '사회적 정의'에 맞지 않다는 것이지요. 브란트는 바푁을 통해 모든 아이들이 집안 형편과 관계없이 최고의 교육을 받고, 그럼으로써 독일 사회가 '교양 사회'가 되기를 꿈꾼 것입니다. 그는 대단한 이상주의자였지요.

바푁의 사례에서 알 수 있듯이 독일은 브란트 정부하에서 분배 구조가 개선되면서 복지국가의 틀이 만들어지지요. 우리 입장에서 보면 너무도 부러운 사회입니다. 예를 들어서 한국에서 실업자가 된다면, 그것이 뜻하는 것이 무엇일까요? 이것은 그야말로 사회적 벼랑에 서는 것입니다. 하지만 독일은 다릅니다. 독일의 실업자들은 절망의 낭떠러지로 내몰리지 않습니다. 그들은 재취업에 필요한 충분한 기간 동안 실업수당을 받고, 정부는 이 기간 동안 그들에게 재교육 프로그램을 제공합니다. 자녀들이 많아도 학비는 무료이고, 생활비가 나오니 여기에 들어가는 돈에 대해 걱정하지 않아도 됩니다.

우리는 어떤가요? 한국에서 가장이 실업자가 된다는 것은 집안 전체가 붕괴 위기에 몰렸음을 의미하지요. 이렇게 사회적 보호망이 허술하고 복지 체계가 부실하니 한국이 세계에서 자살률이 가장 높은 나라가 된 것입니다.

빌리 브란트가 무릎을 꿇는 유명한 사진을 보신 적이 있나요. 그가 폴란드 바르샤바의 유태인 게토를 방문한 자리에서 갑자기 무릎을 꿇어 세상을 놀라게 했지요. 후일 브란트의 회고에 따르면 원래 무릎을 꿇어야겠다는 생각을 하고 간 것은 아니라고 합니다. 어떤 힘, 무언가 이름 지을 수 없는 어떤 압력이 자신을 내리눌렀다고 회고합니다. 당시에 이 '사건'은 독일에서 긍정적으로만 평가된 건 아닙니다. 보수주의자들의 반발도 컸지요. 하지만 많은 사람들은 "브란트가 무릎을 꿇음으로써 독일이 일어섰다"는 평가에 동의합니다.

빌리 브란트는 2차 세계대전 당시 노르웨이로 망명을 가서 노르웨이 군대의 장교가 되었고, 나치가 노르웨이를 침공하자 직접 총을 들고 싸운 인물입니다. 60년대 말 브란트가 사민당(SPD)의 총리 후보로 선거에 나섰을 때 기민당(CDU)의 선거 포스터는 정말 고약했습니다. 기민당은 브란트가 노르웨이 군복을 입고 총을 들고 있는 사진을 선거 포스터로 쓰면서 '저 총구가 겨

누고 있는 자는 누구인가'라는 문구를 덧붙였지요. 정말 비열하고 역사의식이 실종된, 악명 높은 포스터였습니다.

이런 분위기에서도 브란트가 마침내 총리가 된 것은 그가 시대정신을 체현하고 있었음을 반증합니다. 사실 브란트가 무릎을 꿇어서 독일의 과거청산이 주변국들에게 인정받았다기보다는, 브란트라는 인물 자체가 반(反)나치 저항 운동의 상징이었기 때문에 세계가 독일 과거청산의 진정성을 받아들인 것이지요.

브란트가 실현한 정의는 이뿐만이 아닙니다. 이제 마지막으로 '통일을 잘한 나라' 독일에 대해 잠시 알아보지요. 빌리 브란트의 동방정책(Ostpolitik)도 68혁명이 만든 새로운 통일정책이라고 할 수 있습니다. 브란트의 동방정책이 추진되기 전까지는, 즉 1949년 아데나워(Konrad Adenauer) 정부가 탄생한 이후 1969년까지 20년간 서독의 대외 정책은 냉전 시대에 조응하는 정책, 즉 '서방 통합(Westintegration) 정책'이었습니다. 서독이 서방 진영, 특히 정치 군사적 연합체인 북대서양조약기구(나토)에 통합되어 국제적인 위상을 확보한다는 정책이었던 거지요.

그러나 빌리 브란트가 등장하면서 서방 지향 냉전정책은 동유럽 사회주의 국가와의 화해와 교류를 추구하는 동방정책으로 전환됩니다. 동유럽, 특히 절대 강자였던 소련과의 국교 정상화와 교류 활성화를 통해 유럽의 평화를 증진하고, 그것을 바탕으로 동독과의 관계를 정상화하려는 정책을 펼친 것입니다. 패전국 총리 브란트가 종전 이후 20년간 국제사회를 지배하던 냉전의 시대를 깨뜨리고 해빙의 시대, 데탕트의 시대를 열어젖힌 것이지요. 이것은 오늘날 마지막 냉전 지대로 남아 있는 동북아에, 특히 우리 대한민국에 시사하는 바가 크다고 생각합니다.

제2장

대한민국의 거대한 구멍

왜 한국에만 68혁명이 없었는가

'서울의 봄'이 오지 않은 이유

68혁명은 완전히 새로운 독일을 만들었습니다. 반공 전선의 첨병이던 냉전 국가는 유럽의 평화를 이끄는 탈냉전 국가가 되었고, 경제성장에 치중하던 성장 국가가 사회적 분배를 중시하는 복지국가로 변했으며, 나치의 유산이 썩어가던 '청산되지 않는 과거'의 나라는 세계에서 가장 모범적인 '과거청산 국가'로 바뀐 것입니다.

오늘날 우리가 알고 있는 독일은 이 새로운 독일입니다. 68혁명을 거쳐 새로운 독일이 탄생한 것입니다. 그래서 저는 68세대가 새로운 독일을 만든 세대라고 봅니다. 저 자신은 68세대보다 젊은 나이지만 묘하게도 제 독일 친구들은 대부분 68세대입니다. 저의 지도 교수였던 브레멘 대학의 독문학자 볼프강 엠머리히 교수, 베를린 공대 사회교육학 교수였던 만프레드 카펠러, 오스나브뤼크 대학 부총장을 지낸 사회학자 기외르기 스첼, 동독의 68세대인 '폴커 브라운 세대'를 이끈 시인 폴커 브라운, 독일 녹색당 창당 멤버였던 브레멘 대학 정치학과의 로타 프롭스트 교수, 북독일방송 편성국장 한스 디테 코겔, 한때 마오이스트였던 베를린 자유대학 동독문제연구소의 요헨 슈타트 박사 등 모두가 68세대지요. 이들은 지금 대부분 70대입니다.

저는 지금도 그분들과 이야기하면 기분이 좋고 힘이 납니다. 그들은 여전히 청년처럼 열정적이고, 이상주의적이며 실천적입니다. 그들의 유토피아는 아직 폐쇄되지 않았습니다. 지금도 독일에서 가장 진보적인 사람들은 68세대, 즉 70대 노인들입니다. 이 노인들이 독일 사회에서 가장 진보적이라는 사실은 같은 연배의 한국 노인들이 가장 보수적이라는 사실과 대비되어 놀라울 뿐입니다.

저는 이 지구에 '68 공화국'이 있다고 생각합니다. 민족과 국가를 뛰어넘는 68세대의 공동체 말입니다. 왜냐하면 68세대는 국적을 불문하고 민족을 초월하여 이상 사회의 실현이라는 가치를 공유하고 있기 때문입니다. 저의 독일 친구들뿐만 아니라 프랑스, 스페인, 일본, 터키 친구들 모두가 공교롭게도 68세대에 속하는 사람들입니다. 이들은 인간관, 세계관, 정의관, 역사관 등에서 생각을 폭넓게 공유하고 있습니다. 그들을 보면서 저는 68세대가 국적을 뛰어넘어 하나의 세계시민이 된 유일한 세대가 아닐까 생각해 보곤 합니다.

사실 68혁명은 독일을 포함한 유럽의 거의 모든 나라, 또 미국, 남미, 아시아까지 전 세계에 큰 변화를 몰고 왔습니다. 1968년을 전후한 시기에 세계는 대변혁을 겪은 것이지요.

유럽에서 시작되어 전 세계에 휘몰아쳤던 68혁명의 폭풍이 왜 우리에게는 닿지 못했을까요? 가까운 일본까지 왔는데 왜 대한해협을 건너지 못했을까요? 그건 무엇보다도 우리 정부가 그야말로 철통 방어를 했기 때문입니다. 당시 한국은—물론 지금도 그렇지만—세계에서 가장 강력한 반공 국가였습니다. 68혁명이 반공 국가 대한민국의 철통 방어망을 뚫지 못한 것입니다. 그 당시 한국은 어떤 상황이었기에 우리에게만 68혁명의 영향이 미치지 못했을까요. 그 결정적인 요인은 바로 베트남전쟁입니다.

앞에서 68혁명의 가장 중요한 원인이 베트남전쟁이라고 이야기했지요. 바로 그 베트남전쟁이 우리가 68혁명을 경험할 수 없게 한 결정적인 요인이기도 합니다. 여기서 주목해야 할 것은 한국은 전 세계가 반대하는 베트남전쟁에 지상병을 파병한 유일한 나라라는 사실입니다. 물론 다른 여러 나라들이 미국의 압력하에 베트남전쟁에 참여했지만 모두 지상병이 아닌 소수의 비전투병을 파병했을 뿐입니다. 실제 전투에 참여하는 지상병을 파견한 사실상 유일한 나라가 한국이었습니다.

그렇다면 왜 유독 한국만 베트남전쟁에 지상병을 파병했을까요? 제가 작년에 이 점에 대해 자세히 공부할 기회가 있었습니다. 그 이전까지는 저도 베트남전쟁에 대해 잘 몰랐습니다. 저는 제 나름대로 한국의 현대사를 잘 알고 있다고 생각하며 살아왔습니다. 그런데 그 생각은 정말 큰 착각이었습니다. 제가 충격을 받은 것은 우리가 우리의 현대사에 대해 너무도 무지하다는 사실이었습니다. 저는 최근에 베트남전쟁을 공부하면서 오늘날 한국 사회가 왜 이런 기형적인 사회가 됐는지, 그 원인에 대해서 좀 더 깊이 알게 됐습니다.

많은 분들에게 베트남전쟁에 대한 책을 꼭 읽어보시라고 권하고 싶습니다. 베트남전쟁에 대한 수준 높은 책들이 많이 나와 있습니다. 성공회대 한홍구 교수님이 쓴 것도 아주 좋고, 서울대 박태균 교수님이 쓴 것도 빼어납니다. 성신여대 홍석률 교수님이 쓴 책도 좋고요. 그것을 읽어보면 왜 오늘날 한국 사회가 이렇게 '이상한 나라'가 됐는지를 굉장히 깊이 이해할 수 있게 됩니다.

사실 우리 세대는 베트남전쟁을 잘 알고 있다는 착각에 빠져 있는 세대입니다. 왜냐하면 우리가 어렸을 때 베트남전쟁은 일상의 일부였기 때문입니다. 1968년이면 제가 초등학교 2학년 무렵이었을 겁니다. 당시 모습이 지금도 기억에 생생합니다. 베트남으로 파병되는 군인들이 여의도로 행진해 갈 때 저도 도로변에 서서 작은 태극기를 흔들며 군가를 따라 불렀던 기억이 납니다. "맹호부대 용사들아!" 하면서 말이지요. 그때 파병 부대의 이름이 청룡부대, 맹호부대, 백마부대 등이었습니다.

지금 돌아보면 당시 저는 병영국가에 의해 동원된 어린 신민이었던 거지요. 그러니까 저의 이런 개인적 경험이 베트남전쟁에 대해 왠지 좀 알고 있다는 착각을 불러온 겁니다.

68혁명의 빈자리를 연구하다

제가 2018년에 베트남전쟁을 공부하고, '한국과 68혁명'이라는 주제로 논문을 쓰게 된 데에는 특별한 사연이 있습니다. 그것을 설명하자면 우선 제가 소장으로 있는 '중앙대학교 독일유럽연구센터'에 대해 말씀드려야 합니다. 독일유럽연구센터(Institute for German and European Studies)란 독일 정부가 선정하여 지원하는 세계적인 독일유럽연구 네트워크입니다. 1990년 통일된 직후 독일 정부는 미국의 하버드 대학을 첫 번째 독일유럽연구센터로 지정하였습니다. 독일유럽연구센터는 이렇게 미국과 캐나다 등 북미 지역에서 시작되어 아시아와 유럽 지역으로 확장되었습니다. 아시아에서는 1호가 일본 도쿄대였고, 2호가 중국의 베이징대였습니다. 그리고 세 번째로 한국에서는 중앙대가 선정 되었습니다. 벌써 오래전 이야기입니다. 당시에 저는 도쿄대와 베이징대의 동료 교수들에게 동북아독일유럽학회의 창설을 제안 했습니다. 대략 다음과 같은 취지였습니다.

많은 미래학자들이 동북아시아가 21세기에 세계의 중심이 될 것이라고 말합니다. 그런데 동북아시아의 현실은 어떤가요. 지금 이 지역은 꽁꽁 얼어붙어 있습니다. 저는 그 이유를 세 가지로 봅니다. 일본의 과거, 한반도의 현재, 중국의 미래가 그것입니다.

일본은 많은 장점을 가진 나라임에도 불구하고 '과거'에 묶여서 좀처럼 헤어나지 못하고 있습니다. 지금 아시아에서 어느 나라도 일본을 존경하지 않습니다. 일본의 과거청산이 제대로 이루어지지 않았기 때문입니다. 한반도의 '현재'란 금방 이해하시겠지요. 한반도의 분단으로 인해 동북아시아 전체가 물리적으로 소통이 안 되는 형국입니다. 중국의 '미래'가 뜻하는 것은 미래의 중국이 패권주의로 나아갈 것이라는 공포를 주변국들이 가지고 있다는 사실입니다.

다시 말하면 일본의 청산되지 않은 '과거', 한반도의 분단 '현실', 중국 패권주의의 '미래'가 동북아시아의 교류와 번영, 평화를 가로막고 있는 것입니다. 그런데 전 세계에 이 세 가지 문제를 동시에 풀어낸 나라가 딱 하나 있습니다. 어느 나라입니까? 바로 독일입니다.

독일은 성공적으로 과거청산을 이루어냈고, 평화적으로 분단을 극복하여 통일을 이루었습니다. 또한 주변 국가들이 독일에 대해 가지고 있던 패권주의에 대한 공포도 상당히 불식시켰습니다. 독일은 1차 세계대전, 2차 세계대전을 일으켰고, 그 때문에 주변국들이 굉장한 공포를 갖고 있었는데 그 두려움을 풀어준 것이지요. 이제는 독일에 대한 공포를 가진 나라가 거의 없습니다. 이 세 가지 문제, 즉 과거청산, 분단, 패권주의의 문제 중에 하나라도 풀리지 않았으면, 유럽연합은 불가능했을 것입니다.

"일본, 중국, 한국의 독일 연구자로서 우리가 독일의 사례를 함께 연구하여 독일이 유럽연합의 견인차가 된 것처럼 우리도 아시아 평화 공동체를 만드는 데 선구자 역할을 하자"는 취지로 우리 연구소가 도쿄대와 베이징대 연구소에 제안을 했고, 그것이 받아들여져서 2014년부터 연구, 교류, 학술 발표를 함께하고 있습니다. 이런 공동 사업의 일환으로 돌아가면서 정기적인 국제 심포지엄을 개최해 왔습니다.

2018년에는 우리 연구소 차례가 되었는데, 국제 심포지엄의 주제는 큰 이견 없이 만장일치로 정해졌습니다. 주제가 68혁명에 대한 것이었습니다. 바로 2018년이 68혁명 50주년이었기 때문입니다. 유럽과 미국에서도 68혁명을 평가하고 결산하는 다양한 형태의 학술 대회와 모임이 풍성하게 계획되어 있었지요. 도쿄대, 베이징대뿐만 아니라 독일, 폴란드, 영국 등 8개국이 참여했습니다.

그런데 발표 신청자를 받던 과정에서 문제가 생겼습니다. 도쿄대에서 5명, 베이징 대학도 5명이 발표 신청을 했고 유럽도 예상보다 훨씬 많은 신청자가 있었습니다. 그런데 한국에서만 단 한 명의 발표자도 신청을 하지 않은 것입니다. 어찌 보면 당연한 것이지요. 일본과 중국, 그리고 유럽은 68혁명과 관련하여 할 말이 정말 많은 나라들임에 반해, 한국은 할 말이 별로 없었기 때문이지요.

일본의 발표자들은 '전공투' 활동과 대학개혁 등 매우 다채로운 주제를 다루었습니다. 중국도 68혁명과 상당히 복잡한 영향 관계를 맺고 있지요. 문화대혁명의 성격도 그렇고, 유럽, 특히 프랑스의 68혁명에 미친 마오쩌둥의 영향은 상당했지요. 이렇게 일본은 물론 중국도 다양한 주제들을 발표하겠다고 나서는데 막상 우리나라에서는 발표 신청이 없었습니다. 주최국에서 아무도 발표를 하지 않는다는 것은 있을 수 없는 일이라고 생각하여, 어쩔 수 없이 제가 발표를 떠맡게 된 것입니다.

하지만 그 덕분에 처음으로 한국과 68혁명의 관계에 대해 들여다볼 수 있었고, 많은 것을 배웠습니다. 우리 사회의 기형성이 68혁명의 부재와 깊은 관련이 있다는 사실을 알게 된 것이지요. 제가 준비한 발제문의 독일어 제목은 '한국의 특수한 길(Der südkoreanische Sonderweg)'이었습니다. 영어로는 '한국 예외주의(Korean Exceptionalism)'라고 하고, 부제는 '왜 한국에만 68혁명이 없었는가'라고 달았지요. 저는 이것을 쓸 수밖에 없는 상황이었습니다.

저는 이 연구를 하면서 베트남전쟁에 지상군을 파병한 국가로 사실상 한국이 유일하다는 것을 처음 알았습니다. 아마 여러분들도 대부분 이 사실을 모를 것입니다. 전 세계가 베트남전쟁에 반대할 때 우리만 베트남전쟁에 적극적으로 뛰어든 셈입니다. 제가 유일한 지상군 파병 국가라고 할 때 '사실상'이라는 말을 붙였는데요. 그것은 지상군을 파병한 나라가 하나 더 있기 때문입니다. 대만이 20명의 지상군을 파병했다고 합니다. 우리는 1964년부터 1968년까지 5년 동안 32만 명의 지상군을 파병했는데 대만은 달랑 20명을 파병했습니다. 20만 명이 아니라 20명 말입니다. 대만 역시 미국의 압박을 견디지 못해 파병했을 텐데 오죽하면 20명을 보냈을까요. 그러니까 한국이 사실상 유일한 지상군 파병 국가라고 해도 과언이 아닙니다.

그렇다면 우리는 왜 그 많은 전투병을 위험한 전쟁터로 보낸 것일까요? 그 이유를 살피기 위해서는 당시 대통령이었던 박정희의 이력을 들여다봐야 합니다. 박정희라는 인물의 이력과 행적에 대해서는 아직도 잘 알려져 있지 않은 부분이 너무도 많고,

알려진 부분에 대해서도 모르는 사람이 많습니다. 20세기 한국 현대사에서 가장 중요한 두 인물을 꼽는다면 바로 박정희와 김일성일 터인데, 이 두 인물의 행적과 이력이 여전히 베일에 휩싸여 있다는 사실이야말로 한국 현대사의 최대 역설입니다.

베트남전 파병의 시작과 끝

박정희가 1961년 5·16 군사 쿠데타를 통해 권력을 잡았다는 사실은 다 아시겠지요. 당시 미국에서는 박정희의 쿠데타를 좌익 쿠데타로 의심했습니다. 군부 내의 공산주의자들이 일으킨 것이 아닌가 하고 생각한 거지요. 왜냐하면 박정희가 당시 군부 내에서 남조선노동당(남로당) 활동을 했기 때문입니다. 박정희의 형인 박상희는 대구에서 상당히 알려진 남로당 간부였습니다. 대구 하면 굉장히 보수적이라고들 알고 있어서 웬 남로당인가 싶겠지만 그 당시의 대구는 '조선의 모스크바'라고 할 정도로 남로당 세력이 강한 지역이었습니다. 대구에 산업 시설이 많았기 때문에 조직노동자들이 많았고, 그래서 남로당 조직이 상당히 강했던 것입니다.

박정희는 일제강점기 때 만주에 있는 일본 육사 만주 분교를 나왔습니다. 대표적인 친일파라고 할 수 있지요. 그렇게 일본군으로 활동하다가 해방된 이후에 귀국한 동생 박정희에게 박상희가 상당한 영향을 미쳤던 것으로 보입니다. 그런 상황이었기에 미국의 정보기관 CIA에서는 박정희의 쿠데타가 좌익 쿠데타가 아닐까 두려워했던 것입니다.

한국의 반공주의가 전 세계 어느 나라보다도 히스테리컬한 반공주의가 된 결정적인 이유는 바로 박정희의 이런 좌익 전력 때문입니다. 미국이 60년대 중반까지도 박정희에 대한 의심을 거두지 않았기 때문에 박정희는 자신의 '전향'을 증명하기 위해서 유례가 없는, 극단적인 반공주의를 펼치게 된 것입니다.

윤보선과 박정희가 대통령 선거에서 맞붙었을 때도 윤보선이 주로 겨냥한 것은 박정희의 좌익 전력이었습니다. '박정희는 빨갱이다'라고 공격한 것이지요. 그러자 박정희는 '윤보선은 부유한 기득권 세력의 자식이고, 나는 가난한 농민의 아들이다'라며 맞섰습니다. 자신이 좌익이 아님을 확실하게 입증해 내야만 했던 상황이었기에 베트남전쟁이 터지자 미국의 파병 제안에 박정희는 제일 먼저 손을 들고 나섰던 것입니다.

사실 미국 입장에서는 베트남전쟁 초기에 백인과 베트남 인이 싸우는 모습이 전 세계에 중계되는 상황이 좋을 리 없었습니다. 인종 간의 전쟁으로 보이니까요. 그런데 그 전쟁에 또 다른 아시아 국가가 미국 편에서 참전해 주었으니 얼마나 고마웠겠습니까. 박정희는 이 일로 미국의 확실한 신임을 얻게 됩니다.

박정희는 전투병을 파병하면서 '자유세계를 지킨다'라는 명분을 내세웠지만, 그 이면에는 다른 의도가 숨겨져 있었던 것입니다. 이 전쟁이 자유세계를 지키는 문제와는 별로 상관이 없었다는 것은 실제 '자유세계'의 나라에서 파병을 하지 않은 사례들만 봐도 객관적으로 알 수 있습니다. 심지어 당시 프랑스의《르몽드》나, 독일의《프랑크푸르터 알게마이네 차이퉁》등 유럽의 저명한 신문들에서는 한국군을 대놓고 '미국의 용병'이라고 부르거나, 한국을 '미국의 51번째 주'라는 식으로 비난하기도 했습니다.

파병으로 인한 이득이 전혀 없었던 것은 아닙니다. 베트남전을 통해 상당한 양의 외화를 벌어들였고, 그것이 경제 발전에 토대가 되었던 것은 사실입니다. 젊은이들의 피로 돈을 벌어들인 거지요.

남한은 베트남전에 파병을 했는데, 북한은 어떻게 했을까요? 당시 소위 베트콩이라고 불리던 북베트남 공산당의 지도자 호찌민은 김일성에게 병력 지원을 요청합니다. '남에서 저렇게 파병을 하니 우리가 못 살겠다, 너희도 우리를 지원해 다오.' 김일성은 이 요청을 거부합니다. 북한의 안보 사정 때문에 그럴 여력이 없다는 것이었지요. 사실 김일성과 호찌민은 매우 우호적인 관계였습니다. 그럼에도 불구하고 자국의 안보 문제를 들어 파병을 거절한 것입니다.

그런 상황 속에서도 호찌민의 지원 요구는 계속되었고, 이에 김일성은 1967년 말에 다른 방식의 답을 주게 됩니다. '우리는 여력이 없어서 병력을 파병할 수는 없다. 그러나 박정희가 더 이상 베트남에 군대를 보내는 것은 막아주겠다'고 약속합니다. 그리고 바로 그다음 해, 즉 1968년부터 본격적으로 남한과의 게릴라전을 개시합니다. 1968년 1월 21일 김신조 부대가 청와대를 습격하려고 넘어온 것이 그 신호탄입니다. 그때부터 이른바 '무장 공비들'이 들어와 빈번하게 게릴라전을 벌입니다. 1968년 한 해에만 무려 308회에 걸친 무력 충돌이 남북 사이에 있었습니다. 이후 박정희는 '안보 문제' 때문에 더 이상 베트남에 파병을 하지 못합니다.

1968년 대한민국, 역사의 흐름에 역행하다

더 중요한 문제는 이제부터 시작됩니다. 1968년부터 한반도가 일종의 게릴라전 상태로 접어들면서, 박정희는 이를 명분으로 남한 사회를 본격적으로 '병영사회'로 재편하기 시작합니다. 이를 위해 처음으로 한 일이 바로 주민등록법을 만든 것이었습니다. 주민등록법을 만든 목표는 명확합니다. 바로 '간첩 색출'입니다. 전쟁 상황이기 때문에 누가 간첩인지를 분별하기 위해 주민등록제가 필요하다는 식이었지요. 주민등록증이 없으면 간첩으로 몰릴 수 있는 시대가 된 것입니다.

다음으로는 국민들을 일종의 예비 병력으로 무장시키기 위한 정신교육이 시행됩니다. 그것이 '유명한' 국민교육헌장입니다. '우리는 민족중흥의 역사적 사명을 띠고 이 땅에 태어났다.' 저는 지금도 잊지 않고 있습니다. 우리 세대의 모든 한국인들 머릿속에 아직도 남아 있을 것입니다. 당시 초등학생을 포함한 모든 학생이 이 긴 '헌장'을 의무적으로 외워야 했습니다. 이것을 못 외우면 간첩이었던 시절이지요.

예비군 훈련이 시작된 것도 바로 1968년이었습니다. 또 1969년에는 학교에서 교련 수업이 시작되었습니다. 고등학생들이 교련복이라고 하는 표범 무늬 옷을 입고 총 들고 찔러대는 '총검술' 수업을 받았습니다. 그러니까 학교도 일종의 병영으로 변한 것입니다.

이런 군사 교육, 파시즘 교육을 받으며 성장한 우리 세대가 과연 정상적인 인간이 되는 것이 가능할까요. 성숙한 민주주의자가 되는 것이 가능할까요. 저는 '이런 권위주의적 교육 때문에 내가 정상적인 인간으로 크지 못했구나'라는 생각을 독일에서 자주 했습니다. 그들과 나는 왜 이렇게 다를까 하는 생각을 곰곰이 천착해 보니, 나를 기형화한 사회적 기원에 이를 수 있었습니다. 병영사회와 군사문화가 나를 파시스트로 훈육했고, 집단주의와 권위주의가 나의 내면을 불구화했던 것입니다.

사실 박정희라는 인물이 한국 사회에 끼친 해악은 한두 가지가 아닙니다. 현재 우리 사회가 앓고 있는 병의 기원을 추적해 보면 영락없이 박정희와 만나게 됩니다. 지역감정도 박정희가 만든 작품입니다. 사실 그 이전에는 지역감정이 없었습니다. 윤보선과 박정희가 대선에서 맞붙었을 때 박정희가 가장 많은 표를 얻은 곳이 호남 지역이었습니다. 왜 그랬을까요? 박정희가 '농민의 아들'이었기 때문입니다. 반면 윤보선은 명문 양반 가문 출신이었지요. 이때까지만 해도 영호남 갈등은 그리 크지 않았습니다. 그 이후에 호남 출신의 김대중이 대통령 선거에서 박정희를 위협하자 박정희는 선거 전략 차원에서 지역감정을 조장하기 시작한 것입니다. 그전까지만 해도 광주 사람이 부산에서 국회의원 하는 것은 전혀 이상하지 않은 일이었습니다. 김대중 전 대통령도 목포 출신인데 어디에서 국회의원을 했는지 아시나요? 바로 강원도 인제에서 당선되었습니다.

이처럼 당시에는 출신 지역을 거의 따지지 않았습니다. 그런데 박정희가 1970년대 초부터 지역감정을 조장하기 시작한 것입니다. 지역주의는 박정희가 남긴 유산 중에서도 최악의 유산입니다. 그것은 한국의 민주주의를 마비시키는 심각한 질병이기 때문입니다.

이처럼 박정희는 베트남전쟁 파병을 통해 한국을 68혁명의 영향으로부터 완전히 유리된 '예외 국가'로 만든 장본인일 뿐만 아니라, 지역감정을 조장하여 한국 민주주의를 근본적으로 왜곡시킨 인물입니다. 그 밖에도 그는 강남 개발을 통해 정치자금을 축적하여 한국을 '부동산 공화국'으로 만든 원조 투기꾼이자, 일본군 장교 출신으로 대통령에 오름으로써 한국을 '과거청산이 없는 나라'로 만든 친일파이고, 민주주의를 유린한 군사쿠데타를 통해 30년간 지속된 군사독재 시대의 문을 연 독재자였습니다.

박정희가 한국 현대사에 미친 부정적 영향은 이처럼 막대합니다. 그러나 오늘날의 시점에서 돌아볼 때 그가 남긴 최악의 유산은 바로 그가 68혁명을 차단했을 뿐만 아니라, 68혁명이 추구한 사회와 정반대되는 사회를 만들었다는 사실입니다.

1968년은 세계 어느 나라에서나 질적으로 새로운 해방의 시대가 시작되었음을 상징하는 해입니다. 유럽을 기점으로 전 세계가 모든 형태의 억압으로부터 해방되는 방향으로 나아가는 변곡점이 68혁명이었지요. 그런데 유독 한국에서만 1968년이 자유와 해방이 아니라, 억압과 굴종으로 나아가는 전환점이 되었다는 사실에 주목해야 합니다. 이 시점부터 한국 사회는 급속히 병영사회로 재편됩니다.

단순히 68혁명이 없었던 것이 문제가 아닙니다. 문제는 68혁명에 역행하는 사회로 변해간 것입니다. 그러면서 한국은 시나브로 세계의 흐름과 점점 더 멀어지는 예외 국가로 변해갔던 것입니다. 그렇게 수십 년을 지내다 보니 일반적인 동시대의 흐름과는 너무도 다른 문화 지체 현상이 나타났고, 그것이 바로 오늘날 우리가 목도하는 '프리 68 사회'로서의 한국 사회인 것입니다. 저는 방학이면 학생들 20~30명을 인솔하여 독일에 어학연수를 가곤 했습니다. 그때마다 우리 학생들과 독일 학생들 사이에 존재하는 미묘한 차이와 긴장을 느꼈는데, 지금은 그 원인이 68혁명의 부재와 밀접하게 관련이 있다는 것을 분명히 알게 되었습니다.

한국인으로서 우리들이 받은 교육은 권위주의적이고, 폭력적인 것이었습니다. 군사문화의 잔재가 깊게 배어 있는 교육이었고, 인권을 경시하고 끊임없는 경쟁과 희생을 강요하는 교육이었습니다. 사실 그것은 교육이라기보다는 '반교육'에 가까웠지요. 이런 반교육, 파쇼 교육의 잔재가 지금도 우리 내면에 강하게 각인되어 있습니다.

하지만 한국인 대다수는 '내 안의 파시즘'을 인식하지 못합니다. 이러한 억압의 문화, 부조리의 상황을 하나의 문제로서 인식한 적이 없기 때문입니다. 그것이 '사물의 질서', '세상의 이치', '자연 상태'라고 생각한 것이지요. 에리히 프롬 식으로 말하자면 한국 사회를 특징짓는 것은 '정상성의 병리성'이었던 것입니다.

2

위대하고 위태로운 86세대

이 땅의 86세대는 누구인가

지금 한국 사회에서는 '86세대'가 독일의 68세대에 해당된다고 볼 수 있습니다. 한국의 정치적 민주화를 이끌었던 세대니까요. 또한 한국 사회의 개혁과 관련해서도 86세대는 가장 중요한 세대입니다. 현재 이들이 거의 모든 정치권력을 독점하고 있다고 해도 과언이 아닙니다.

물론 여기서 86세대란 1960년대에 태어나 1980년대에 대학을 다닌 생물학적 세대 전체를 이야기하는 것은 아니고, 대체로 민주당 계열의 정당에서 '젊은 피'로 수혈되어 정치 활동을 시작한 정치적 세대를 말하는 것입니다. 그들은 80년대의 학생운동 '경력'을 바탕으로 이미 30대에 중요한 정치적 지위를 얻었고, 지금은 50대로서 집권 여당에서 중요한 정치 세력을 형성하고 있는 집단이지요.

지금 한국 사회에서는 86세대가 과잉 대표되고 있습니다. 그에 반해 젊은 세대는 너무도 과소 대표되어 있고요. 현재 대한민국 국회에서 40세 이하, 그러니까 20~30대 국회의원이 몇 명일까요? 놀랍게도 300명 중에 단 2명입니다. 덴마크는 40세 이하, 그러니까 20~30대 국회의원 비율이 41퍼센트라고 합니다. 우리 국회에 적용하면 30대 이하의 국회의원이 120명이 넘는 셈이지요. 그런데 우리는 2명이라는 말입니다.

이것은 심각한 문제입니다. 국회는 기본적으로 국민을 대표하는 기관, 즉 대의기관입니다. 그래서 국회에서 가장 중요한 것은 전문성이 아니라 대표성입니다. 그리고 그중에서도 가장 중요한 요소 중 하나가 세대 대표성입니다. 그런데 한국은 세대 대표성이 너무도 왜곡되어 있는 것이지요. 현재 한국 전체 인구 중에서 40대 이하의 인구가 약 40퍼센트 정도인데 국회에서는 불과 0.6퍼센트가 대의되고 있다는 것이 말이 됩니까.

세대 대표성 못지않게 왜곡되어 있는 것이 직능 대표성입니다. 다양한 직업과 직능을 대표하는 의원이 그 현실의 분포에 맞게 국회에서 대표되는 것이 이상적인 의회일 텐데 한국은 그렇지 못합니다. 예를 들면 독일 연방의회에는 교사가 많을까요, 교수가 많을까요? 교사가 훨씬 많습니다. 사회에서 교사가 훨씬 많기 때문입니다. 이것이 대의의 의미이지요. 그러나 한국에서는 법률가, 언론인, 교수가 과잉 대표되어 있습니다. 즉 의회의 대의 기능이 심각하게 왜곡되어 있는 것이지요. 이러한 대의의 왜곡으로 인해 사회적 갈등이 의회 내에서 해결되지 못하고, 자꾸 의회 밖으로 터져 나오는 것입니다.

현재 한국 사회의 문제는 상당 부분 86세대의 문제로 환원되고 인식되는 경향이 있습니다. 이러한 86세대 책임론을 무리한 주장이라고만 할 수도 없습니다.

86세대를 둘러싼 여러 가지 다양한 담론들이 존재합니다. 비판론도 있고, 옹호론도 있지요. 여기서 우선 제외해야 할 것은 생물학적 담론입니다. 일정한 나이를 공유하는 자들을 세대라고 부르는 관점은 여기서는 제외되어야 합니다. 다시 말하면 60년대에 태어나 80년대에 대학을 다닌 사람들을 모두 86세대라고 부르는 것은 아니라는 것이지요.

우리가 86세대라고 할 때, 그 86세대란 독일 혹은 유럽의 68세대를 칭하는 경우와 같은 의미입니다. 68세대라고 할 때, 그것이 지칭하는 대상은 누구인가요. 그것은 단순한 생물학적 집단이 아니라 정치적·문화적 집단을 뜻합니다. 정치적·문화적 의식을 공유하면서, 그것을 바탕으로 세상을 바꾼 세대를 이야기하는 것입니다.

우리의 경우도 마찬가지지요. 생물학적 의미의 86세대는 다양한 삶의 모습을 보입니다. 하지만 여기서는 86세대 중에서도 공동의 역사적 경험을 기반으로 일정한 정치의식을 공유하고 있는 세대적 집단을 일컫는 것이지요.

86세대는 쉽게 말하면 현재 정치 권력을 독점하고 있는 정치 엘리트 그룹을 말합니다. 그들은 한국 사회를 변화시키는 데 결정적인 역할을 했습니다. 특히 이들이 대학을 다니던 1980년대는 군사독재 시대로, 전두환이라는 희대의 독재자가 그야말로 야만적인 폭력을 자행하던 시대였습니다. 이들은 그런 폭력 정권에 용감하게 맞섰던 것입니다. 그 용기와 희생에 대해서는 어느 누구도 이론이 있을 수 없습니다. 그 당시에는 정말로 이 땅의 민주주의를 위해서 내 한 몸을 기꺼이 바치겠다는 의식을 젊은 세대가 폭넓게 공유하고 있었습니다.

물론 그렇지 않은 사람들도 당연히 있었습니다. 사람들이 시위를 할 때 몰래 빠져나가 도서관 외진 곳에 앉아 사법고시 공부를 한 사람들도 많았습니다. 우리가 그런 사람들까지 86세대라고 부를 수는 없습니다. 또 그들을 86세대라고 부르지도 않습니다. 정치적 경험 자체가 전혀 다르기 때문입니다.

86세대의 성취와 한계

86세대가 이룩한 '민주화'라는 어마어마한 역사적 업적은 아무리 높이 평가해도 지나치지 않습니다. 그 세대가 오늘의 한국 사회를 만들었습니다. 전 세계 사람들이 정말 멋지다고 칭송하는 대한민국 민주주의를 만든 주역입니다. 그것을 인정하지 않으면 안 됩니다. 그러나 한국 사회가 정치 민주화는 이루었으나, 사회 민주화, 경제 민주화, 문화 민주화는 사실상 전혀 이루지 못했다는 사실도 직시해야 합니다. 그들의 성취와 한계를 균형 있게 보아야 합니다.

86세대의 한계에 대해서는 여러 가지 이야기를 할 수 있을 것입니다. 먼저 20세기 독일의 가장 위대한 극작가라고 불리는 베르톨트 브레히트(Bertolt Brecht)가 한 유명한 말로 시작해 보지요. 2차 세계대전 종전 이후 동독을 택한 그는 이런 의미심장한 말을 했습니다.

"파시즘이 남긴 최악의 유산은 파시즘과 싸운 자들의 내면에 파시즘을 남기고 사라진다는 사실이다."

등골이 서늘해지는 말입니다. 파시즘이 사라질 때 파시즘과 싸운 자들의 내면에 새기고 가는 것이 바로 파시즘이라는 것이지요. 참으로 무서운 통찰입니다. 저는 이 말이 지금 한국 사회가 처해 있는 현실을 이해하는 데 정곡을 찌른다고 생각합니다.

대학 시절 내내 군사 파시즘과 투쟁할 수밖에 없었던 86세대가 부지불식간에 파시즘을 내면화한 것은 아닌지 비판적으로 성찰할 필요가 있습니다. '내 안의 파시즘', '아주 일상적인 파시즘'을 냉철하게 들여다보려는 노력이 필요합니다. 요즘 자주 등장하는 '꼰대론'은 86세대의 내면에 형성된 이런 역설적 요소와 밀접한 관계가 있습니다.

그러나 저는 독일의 68세대와 비교하면서 곧장 한국의 86세대를 비난하는 것은 무리라고 생각합니다. 두 세대가 처한 정치적, 사회적 환경이 크게 달랐기 때문이지요. 어떻게 86세대가 야만적인 폭력이 지배하던 군사독재 시대를 살아내면서 독일의 68세대처럼 이상적인 세계를 꿈꿀 수 있었겠습니까? 당시에 이상적인 세계에 대한 비전을 갖는다는 것은 현실적으로 기대하기 어려운 문제였습니다.

그러나 1987년 군사독재 체제가 무너지고 민주화의 시대가 열린 이후에도 한국의 86세대가 이상적인 세계에 대한 어떤 정치적 비전도 결여하고 있었다는 것은 참으로 아쉬운 일입니다. 비유하자면 군사독재 체제의 붕괴와 함께 86세대의 정치적 전망도 붕괴한 것입니다. 일종의 동반 붕괴가 있었던 것이지요. 그럼으로써 한국 사회의 기득권 구조는 큰 변화 없이 유지되었습니다. 독재체제의 붕괴가 곧 새로운 사회의 등장을 뜻하지는 않았다는 의미입니다. 말하자면 '군사독재하의 비정상 사회'가 '민주정부하의 비정상 사회'로 이행한 것입니다. 지배의 주체는 바뀌었지만, 사회의 비정상성은 조금도 변화되지 않은 것이지요.

민주정부하에서도 한국 사회는 근본적인 의미에서 보면 사실상 거의 개혁된 것이 없습니다. 재벌개혁, 노동개혁, 사회개혁, 교육개혁……. 무엇 하나 제대로 이루어진 개혁이 있습니까? 권위주의와 군사 문화에 대한 비판과 성찰이 한 번이라도 이루어진 적이 있습니까? 그 결과 소위 '민주화 이후의 민주주의'라는 문제가 여전히 한국 사회에 숙제로 남게 된 것입니다. 앞서 말한 표현으로 하면, 사회 민주화, 경제 민주화, 문화 민주화는 전혀 이루어지지 않은 것입니다.

저는 이따금 86세대가 정치 민주화를 넘어선 실체적 민주화를 왜 이루어 내지 못했을까 곰곰이 생각해 보곤 합니다. 많은 사람들과 이야기한 것으로 미루어 보건대, 86세대는 그런 총체적 민주화까지는 생각 자체를 하지 못했던 것으로 보입니다. 사회 민주화, 경제 민주화, 문화 민주화는 아직 그들의 머리에 '도착'하지 않은 것입니다.

86세대는 유럽의 68세대에 비해 이상 사회에 대한 비전과 상상력의 지평이 대단히 협소했습니다. 그것은 일종의 세대적 한계라고 할 수 있습니다만, 68혁명이 없었던 한국의 예외적인 상황을 고려해 보면 그것이 무조건 86세대의 잘못이라며 책임을 묻는 것은 무리입니다.

1980년대의 상황을 복기해 보면 당시 86세대는 이성적으로 이것이 옳은가, 저것이 옳은가를 분별할 필요도 없었습니다. 문제는 이성적 판단이 아니라 도덕적 결단이었습니다. 너무도 명백한 도덕적 악 앞에서 제시된 선택지는 하나였으니까요.

도덕적 결단을 할 것인가, 말 것인가. 이것만이 유일한 선택지였습니다. 어쩌면 새로운 사회에 대한 비전, 이상적인 세계에 대한 상상력, 이런 것들은 당시로서는 사치였던 것이지요. 86세대의 목표는 단 하나, 군사독재를 어떻게 타도할 것인가로 모였습니다.

당시에 친구들과 술잔을 앞에 두고 나누었던 이야기가 생각납니다. 과연 우리가 죽기 전에 대통령을 내 손으로 뽑는 시대가 올까 하는 문제를 두고 논쟁을 했습니다. 많은 친구들이 그런 시대는 오지 않을 것이라고 비판했습니다. 저 역시 마찬가지였습니다. 박정희의 장기 집권, 그리고 전두환, 노태우로 이어지는 군사독재의 기나긴 계승 과정을 보면서 모두 절망감을 갖고 있었던 거지요. 그만큼 암울한 시대였습니다. 86세대가 미래를 꿈꾸기에는 현재가 너무도 가혹했어요. 그럼에도 불구하고 "닭의 목을 비틀어도 새벽은 온다"는 당시 야당 지도자 김영삼의 말은 현실이 되어, 민주주의의 새벽이 열린 것입니다.

도덕적으로 우월하다는 위험한 착각

결국 문제는 민주화 이후 86세대가 보인 행보입니다. 그들은 정치 게임에 능한 반면, 사회개혁에 무능했습니다. 이것이 한국의 86세대와 독일 68세대의 결정적인 차이점입니다.

먼저 교육 개혁을 예로 들어보겠습니다. 독일에서는 68혁명의 정신적 세례를 받은 많은 학생들이 1970년대에 교육계와 언론계로 진출합니다. 소위 이데올로기 영역이라고 부르는 교육과 언론 분야야말로 68혁명을 사회적으로 정착시키고 영속시키는 가장 중요한 영역이라고 본 것이지요. 이러한 움직임을 당시에는 '제도 속으로의 행진(Marsch durch Institutionen)'이라고 했습니다. 독일 학생운동의 전설적인 지도자 루디 두치케(Rudi Dutschke)의 말에서 따온 것이지요. 68세대는 이제 제도 속으로 들어가서 그들이 꿈꾸었던 세상을 이루고자 한 것입니다. 그들은 사회의 가장 중요한 공론장인 교육계와 언론계에 대거 진출하여 여론을 주도했고, 이로써 68혁명 이후 '새로운 독일'의 건국, '새로운 독일인'의 탄생이 가능했던 것입니다.

그러나 한국은 어떤가요. 86세대는 한국의 왜곡된 교육제도와 입시 관행을 개혁하기 위해 어떤 노력을 기울였나요. 그들은 한국의 엘리트 교육 시스템, 학벌 계급사회에 아무런 문제의식도 갖고 있지 않았습니다. 개혁은커녕 많은 86세대의 주도적 인물들이 사교육계의 큰손이 되었고, 지금도 거대 사교육 기업을 이끌고 있지요. 새로운 이상을 가지고 교육을 개혁하지는 않고, 새로운 강자로서 사교육 시장을 재편했던 것입니다. 결국 사회를 개혁한 것이 아니라 개악한 것이지요.

그럼에도 불구하고 그것을 마냥 비난하기는 어렵습니다. 그저 아쉬울 뿐이지요. 새로운 정치권력으로 부상한 86세대가 정치적 비전과 상상력을 결여하고 있었다는 점은 오늘날 한국이 성공적인 정치 민주화와 경제성장에도 불구하고 '헬조선'이 된 현실과 상당한 연관 관계가 있는 것만은 분명합니다.

한국 사회가 질적으로 새로운 사회로 변화하지 못한 또 하나의 중요한 요인은 86세대가 가지고 있는 일종의 도덕적 우월감입니다. 86세대가 자신들의 도덕적 결단에 의해서, 또 수많은 희생을 통해서 한국 민주주의를 이만큼 진전시킨 것은 분명한 사실입니다. 그럼에도 불구하고 그들은 진정한 의미의 상대와 싸워본 적이 없습니다. 그들보다 왼쪽에 있는 사람들과 경쟁해 본 적이 없습니다. 정말로 자유롭고 정의롭고 평등한 세계를 주장하는 진보주의자들과 대결해 본 적이 없습니다.

그들의 상대는 언제나 외세에 기대어 기회주의적으로 사적인 이익만을 탐하는 수구 보수들이었습니다. 도덕적 하자가 너무나도 분명한 수구 보수 세력하고만 경쟁해 왔기 때문에 항상 도덕적으로 우월할 수밖에 없었던 것이지요.

자기들보다 도덕적으로 우월한 진영과 싸워본 적이 거의 없는 상태에서 그들의 내면에 뿌리내린 깊은 도덕적 우월감은 그들을 무능하게 했습니다. 생산적인 논쟁이 가능했던 진보 세력과 보다 이상적인 사회를 건설하는 방법을 놓고 경쟁했다면 그들도 지금처럼 무능하지는 않았을 것입니다.

최근 극단적인 모습을 보이고 있는 수구 보수 세력은 사실 86세대가 싸울 상대가 아닙니다. 그들은 이미 역사의 썰물을 타고 자연 소멸할 세력입니다. 그들을 붙잡고 싸우는 것은 그다지 역사적 정당성을 갖지 못합니다. 그래서 지금 광화문-서초동에서 벌어지고 있는 거대한 소동은 사실은 너무도 슬프면서 우스운 희비극입니다. 대한민국이 정치적으로 민주화를 이루었다고 하지만 아직도 우리가 발 딛고 선 바닥은 지극히 불안하고, 사회적 성숙은 여전히 요원함을 보여주는 것이지요.

촛불혁명을 통해서 정말 많이 성숙해졌다고 생각했는데, 돌아보니까 전혀 그게 아니구나 하는 생각을 최근에 자주 하게 되었습니다. 발전은 압축적으로 할 수 있지만, 성숙은 압축적으로 할 수 있는 게 아니구나 하는 생각도 하게 됩니다. 개인들이 성숙하지 않는 한 아무리 발전을 이룬들 어떻게 좋은 사회를 만들 수 있겠습니까? 파시즘이 남긴 최악의 유산에 대한 브레히트의 말처럼, 한국은 군사독재가 남긴 유산을 내면적으로는 전혀 청산하지 못했습니다. 그 내면의 파시즘이 우리가 성숙한 민주주의 사회로 나아가려는 지금 우리의 발목을 잡고 있습니다.

지금이라도 86세대의 내면에 남아 있는 도덕적 정체성이 한국 사회를 개혁하고 변혁하는 중요한 동력으로 살아나야 합니다. 그러지 않으면 한국 사회는 비전이 보이지 않는 사회, 미래가 없는 사회로 전락할 위험이 높습니다. 한때 정의를 외쳤던 세대, 도덕적이라고 간주되었던 한 세대의 정치적 실패는 사회 전체에 냉소주의, 패배감, 좌절감, 무력감 같은 굉장히 나쁜 사회적 후과를 남길 것입니다. 그것을 막기 위해서라도 지금 이 사회를 지배하고 있는 86세대는 한국 사회를 근본적으로 변화시키려는 마지막 시도를 감행해야 합니다. 시나브로 빠져든 기득권 의식에서 벗어나 사회 변혁의 마지막 기회를 놓치지 말아야 합니다.

3

경쟁의 덫에 걸린 한국 교육

인권 감수성과 소비 감수성의 부재

이제 68혁명의 부재 때문에 지금 한국 사회가 처해 있는 시대 착오적인 현상들에 대해 이야기하고자 합니다. 많은 사람들이 그다지 심각하게 생각하지 않지만 소위 '글로벌 스탠더드'의 관점에서 보면 우리에게는 시대에 상당히 뒤떨어진 현상들이 참 많습니다.

그 첫 번째는 인권 감수성의 부재입니다. 한국 사회는 인권 감수성이 대단히 모자라는 사회입니다. 기본적으로 '사람'에 대한 예의가 정말 부족합니다. 특히 난민이나 장애인, 문화적·성적 소수자에 대한 기본적인 인식이 상당히 왜곡되어 있습니다. 한 가지 예를 들어보지요. 독일에서는 2015년 앙겔라 메르켈 총리가 시리아 난민 100만 명을 받아들이겠다고 선언하고, 실제로 그해에만 115만 명의 난민을 수용했습니다. 독일 시민들 사이에서도 난민을 따뜻하게 맞이해야 한다는 이른바 '환영 문화(Willkommenskultur)'가 자연스럽게 확산되었고요. 그에 반해 우리나라에서는 2017년 예멘 난민 500명이 제주도에 들어왔을 때 이에 반대하는 청와대 청원이 며칠 사이에 70만 명을 훌쩍 넘어섰습니다. 결국 난민으로 인정받은 수는 겨우 2명에 불과했지요.

저는 예멘 난민 사태를 보면서 특히 젊은 세대에게 너무나 미안했습니다. 나이 든 사람들이 세계의 흐름과 뒤떨어진 사회, 시대착오적인 잘못된 사회를 만들어 놓아서 우리 젊은 세대가 저렇게까지 강퍅해졌구나 생각하니 몹시 마음이 아팠습니다.

68혁명의 부재가 남긴 두 번째 현상은 소비주의 문화입니다. 이 얘기는 정말 중요합니다. 지금 한국처럼 소비주의가 이렇게 전면적으로 아무런 비판 없이 번창하는 나라는 세계 어디에도 없습니다. 미국이 우리와 비슷합니다만, 거기엔 그래도 반소비주의 문화가 나름대로 전통을 가지고 있습니다. 히피 문화의 유산이 아직도 살아 있는 것이지요. 독일의 경우를 보자면 독일 최고 권위의 시사주간지 《슈피겔(Spiegel)》에서 얼마 전 '소비 포기(Komsumverzicht)' 운동을 표지 제목으로 하여 자세히 다룬 적이 있습니다. 이 기사에 따르면 독일에서는 소비 포기 운동을 하는 사람들이 꽤 많이 있습니다. 탈(脫)물질주의 문화가 광범위하게 자리 잡고 있고, 일상에서 적극적으로 실천되고 있습니다.

독일 대학에는 과거 히피처럼 머리를 자르지 않고 길게 기르고 다니는 친구들이 많이 있습니다. 그런데 이 친구들이 특이하게도 강의실 맨 앞자리에 일렬로 나란히 앉아 뜨개질을 하는 모습을 곧잘 볼 수 있습니다. 그러니까 옷도 안 사고 스스로 만들어 입겠다는 것입니다. 이 행위 자체가 일종의 시위, 데몬스트레이션(demonstration)입니다. 소비문화의 질서에 '내가 저항한다'는 것을 보여주는 행위인 것이지요. 그런 친구들이 꽤 많습니다.

소비 포기 운동하는 사람들 중에서도 특이한 집단은 '완전 포기자'이지요. 그들은 먹는 것도 사지 않고 스스로 해결합니다. 집 근처 텃밭 같은 곳에서 직접 채소를 길러 먹거나, 쇼핑센터 같은 곳에서 유통기한이 지나자마자 내놓은 제품을 갖다 먹거나 하는 식으로 완전히 소비 없는 삶을 영위하는 학생들도 꽤 있습니다. 이런 분위기가 폭넓게 자리 잡고 있기에 독일에서는 『풍요로부터의 해방(Befreiung vom Überfluß)』이라는 독특한 제목을 가진 책이 베스트셀러에 오른 적도 있지요.

독일에서는 소비할 때 죄책감을 느낀다고 하는 사람들이 상당히 많습니다. 최근의 여론 조사에 따르면 '환경보호를 위해서는 소비를 포기할 수 있다'라는 말에 동의하는 사람들의 비율이 82퍼센트를 넘습니다. 독일의 많은 청소년들이 소비할 때 큰 죄책감을 느낀다고 고백합니다. '미래 생명에 대한 책임', 이것이 그들이 당연히 가져야 할 기본자세라고 믿는 것입니다. 우리의 삶이란 기실 지구에서 잠시 살다가 떠나는 것이고, 지구는 다음 세대인 미래 생명이 살아야 할 터전이므로 그들에 대한 최소한의 책임 의식을 가져야 한다는 것이지요. 지금 나의 욕망을 위해서 끝없이 소비하는 것은 책임 있는 자세가 아니라는 것입니다.

독일에서는 생태 교육이 매우 중요시되기 때문에 이러한 환경 의식, 생태적 감수성이 대단히 높다고 할 수 있습니다. 스웨덴의 그레타 툰베리가 불러일으킨 청소년의 '생태 반란'은 모두 이런 철저한 생태 교육을 바탕으로 생겨난 것이지요. 과연 한국에서 소비할 때 죄책감을 느끼는 청소년은 얼마나 될까요? 아마도 거의 없을 것입니다.

한국 사회에서 소비주의는 도를 넘어서고 있습니다. 주변을 둘러보세요. 온통 소비만을 강조하고 있습니다. 소비를 해야 일자리가 생기고, 경제가 발전하고, 잘사는 나라가 된다는 논리가 우리 사회를 전일적으로 지배하고 있습니다. 어디에서도 생태적 상상력, 환경 윤리 의식을 찾을 수 없습니다. 소비주의와 물질주의 논리만이 전면적으로 지배하는 참으로 놀라운 사회입니다. 이러한 현상은 한국 사회가 자본주의 이데올로기에 의해 전면적으로

지배되는 자본 독재 단계에 들어서 있음을 반증하는 것이기도
합니다.

성에 대한 죄책감은 민주주의의 적이다

독일 아이들이 소비할 때 죄책감을 느끼는 반면 우리 아이들
은 대다수가 성(性)과 관련해서 죄책감을 가지고 있습니다. 성을
나쁜 것, 비도덕적인 것으로 악마화하거나 부끄러운 것으로 은
폐하기 때문이지요. 그러니 성에 대해 죄책감이나 수치심을 갖
게 되는 것입니다.

독일의 성교육은 우리의 이러한 성교육과 전혀 다릅니다. 성
의 영역도 68혁명의 영향을 강하게 받았기 때문이지요. 68혁명
은 일종의 '성 혁명'이었으니까요. 독일은 성과 관련해서 죄책감
을 갖는 아이들이 거의 없습니다. 독일에서는 아주 이른 시기부
터, 그러니까 초등학교 3학년 때부터 성교육을 체계적으로 실시
합니다. 흥미로운 것은 성교육의 첫 번째 원칙입니다. '성과 관련
해서 절대 윤리적 평가를 해서는 안 된다'는 것이 대원칙입니다.
성을 윤리적으로 비판함으로써 아이들이 죄의식을 갖게 해서는
안 된다는 것입니다. 그들은 성은 윤리와 아무 상관 없는 영역이
라고 봅니다. 성이라는 것은 생명과 관계되고 인권과 관련된 중

요하고 예민한 영역이므로, 성과 관련하여 충분한 책임 의식을 갖도록 가르쳐야 하지만, 그렇다고 성을 악마화해서 아이들의 내면에 죄의식이 생기게 해서는 안 된다는 것이지요.

물론 성폭력이나 성희롱, 성추행 등 성범죄에 대해서는 우리보다 훨씬 더 엄한 처벌이 내려집니다. 그리고 성교육은 매우 구체적이고 사실적으로 이루어집니다. 성을 신비화하거나 은폐하는 것은 교육적으로 올바르지 못하다고 보기 때문입니다.

눈여겨보아야 할 것은 독일에서는 성교육을 가장 중요한 정치 교육으로 본다는 사실입니다. 이것을 이해하려면 약간의 설명이 필요합니다. 독일의 교육개혁에 지대한 영향을 미친 테오도르 아도르노는 "민주주의 최대의 적은 약한 자아"라고 했습니다. 왜 한국에서는 이렇게 민주주의가 취약할까 고민하던 시기에 아도르노의 에세이에서 본 이 말은 저에게 개안의 충격을 주었지요.

이 말이 옳다면 약한 자아를 가진 사람들로 이루어진 공동체는 민주주의를 할 수 없다는 얘기지요. 민주주의를 하려면 구성원 하나하나가 강한 자아를 가진 성숙한 시민이 되어야 한다는 것이니까요. 저는 이 말을 통해 한국 민주주의가 왜 취약한지를 깨닫게 되었습니다. 한국인들은 과연 얼마나 강한 자아를 가지고 있을까요?

우리 교육은 자아를 강하게 하기보다는 오히려 약하게 만드는 교육이었습니다. 늘 학생을 야단치고 벌주고, 결국 깊은 열등감을 갖게 하는 방식이었지요. 성적으로 학생들을 줄 세우고, 심지어 학생들의 인격은 아랑곳없이 전교생의 석차를 게시판에 붙여 놓은 학교도 있었습니다. 다른 학생과 다르게 행동하거나 창의적인 생각을 드러내면 비판을 받거나 조롱을 당하는 경우도 허다했지요. 요즘은 좀 나아졌겠지만, 제가 학교에 다닐 때는 그랬습니다. 이것은 명백한 인권침해입니다. 초·중등교육기관에서부터 아이들의 인권을 훼손하고 유린한 것입니다. 한국의 아이들은 이런 학교에 다니면서 모멸감과 자괴감, 열등감을 일상적으로 느끼고 내면화하지 않을 수 없었습니다. 과연 이런 학교에서 강한 자아를 가진 아이들이 자라날 수 있을까요? 한국인들의 자아가 약한 것은 자아를 유린하고 파괴하는 교육 때문입니다.

한국 민주주의가 성숙한 민주주의로 한 단계 더 나아가려면 학교에서 강한 자아를 가진 아이들을 키워내야 합니다. 그렇다면 '강한 자아'는 어떻게 기를 수 있을까요? 여기서 민주주의의 문제는 자아의 문제로 환원됩니다. 즉 정치학의 문제에서 심리학의 문제로 넘어가는 것이지요. 그리고 그것은 결국 성교육의 문제로 귀결됩니다. 성적 본능을 다루는 방식이 자아 형성에 결정적인 영향을 주기 때문입니다. 이 말은 무슨 의미일까요? 프로이드에 따르면 자아, '에고(ego)'는 '슈퍼에고(superego)'와 '리비도(libido)' 혹은 '이드(id)' 사이에 있는 존재지요. 다시 말하면 사회적 규범이나 도덕을 의미하는 슈퍼에고와 본능과 충동의 세계인 리비도(혹은 이드) 사이에서 흔들리고 동요하는 불안한 존재가 바로 에고입니다.

자아, 즉 에고가 형성되는 시기는 곧 리비도가 발현되는 시기입니다. 바로 이때 인간은 처음으로 리비도와 슈퍼에고 사이에서 분열된 에고를 체험하게 되지요. 리비도는 자연적인 현상이므로, 인간이 일정한 나이가 되면 이런 생물학적 충동을 느끼는 건 너무나 당연한 일입니다. 그런데 이제부터가 문제이지요. 성에 대해 억압적인 사회일수록 슈퍼에고가 리비도를 윤리적으로 공격하고, 이른바 '악마화(dämonisieren)'합니다. 성적 본능을 사회적으로 억압하고, 윤리적으로 나쁜 것으로 치부하는 것입니다. 한국 사회가 바로 그런 사회이지요.

이러한 성적 본능을 나쁜 것이라고 공격한다고 리비도가 사라지나요? 아닙니다. 슈퍼에고가 리비도를 공격하면 할수록 리비도가 사라지는 것이 아니라 에고가 점점 더 강한 죄의식을 내면화하게 됩니다. 여기서 '죄의식'이라는 개념이 대단히 중요합니다. 그것이 정치적 의미를 갖기 때문입니다. 내 안에 버젓이 살아 있는 것을 악이라고 공격하면, 인간의 자아는 죄의식을 내면화할 수밖에 없는데, 바로 이 지점에서 일종의 '성 정치학'이 탄생하는 것입니다. 깊은 죄의식을 내면화한 인간일수록 약한 자아를 갖게 되고, 약한 자아를 가진 인간일수록 권력에 굴종적인 인간이 되기 때문입니다. 즉 죄의식이라는 성적·심리적 문제가 권위주의라는 정치적 문제로 귀결되는 것이지요.

이를 요약하면 인간의 성을 억압하면 할수록, 그 개인은 권력에 굴종적인 인간이 된다고 할 수 있습니다. 이것을 '권위주의적 성격' 이론이라고 합니다. 이른바 프랑크푸르트 학파의 학자들, 특히 테오도르 아도르노, 에리히 프롬, 허버트 마르쿠제(Herbert Marcuse) 등의 이론이 바로 권위주의적 성격 이론에 근거하고 있습니다.

권위주의적 성격 이론에 따르면 성교육은 가장 중요한 민주주의 교육이 되는 것입니다. 민주주의는 강한 자아를 가진 개인을 전제로 하는데, 그런 개인은 권위주의적 성격을 극복한 개인이어야 하고, 그런 개인은 바로 올바른 자아 교육, 즉 성교육을 통해서 길러지기 때문이지요.

우리나라에서도 유명한 헤르만 헤세의 소설 『데미안』을 읽어보면 바로 이런 맥락을 금방 이해할 수 있을 것입니다. 「두 세계」라는 장에서 주인공 싱클레어는 처음으로 자신의 내면이 분열되는 것을 느낍니다. 싱클레어에게 악(惡)은 항상 자기 바깥에 존재하는 무엇이었습니다. 크로머라는 동네 불량배가 그에게는 악의 화신으로 보입니다. 그런데 어느 순간 악이 바로 자기 안에 있다는 걸 느끼게 됩니다. 사춘기가 시작되면서 리비도를 자각하기 시작하는 것이지요. 이때 슈퍼에고, 즉 사회적 관습과 도덕이 자신의 리비도를 자꾸 악마화하니까 스스로를 악인으로, 죄인으로 인식하기 시작합니다.

자아의 형성은 이렇게 죄의식과 함께 오는데, 이 시기에 자아를 제대로 정립하지 못하고 죄의식을 내면화하면 권위주의적 성격의 인간이 됩니다. 죄의식에 짓눌린 약한 자아는 부당한 권력이 압박할 때 이에 맞설 내적 힘을 가질 수 없는 거지요.

이것은 역사적 사례를 통해서도 확인할 수 있습니다. 바로 히틀러의 나치즘을 분석해 보면 알 수 있지요. 성에 대한 억압이 자아를 약화시키고, 약화된 자아는 권력에 굴종합니다. 에리히 프롬의 『자유로부터의 도피』는 바로 이 권위주의적 성격의 발생과 기능을 '자유'라는 이념의 맥락에서 조명하고 있는 탁월한 사회심리학적 분석서입니다. 프랑크푸르트 학파는 파시즘의 지배와 성의 정치적 기능을 예민하게 포착했던 것이지요. 넓은 의미에서 보면 빌헬름 라이히의 『파시즘의 대중심리』도 프랑크푸르트 학파의 권위주의 성격 이론과 궤를 같이한다고 할 수 있습니다.

이러한 배경에서 1970년대 교육개혁 이후 독일에서는 성교육을 정치 교육의 일환으로 가르치기 시작한 것입니다. 그래서 성교육의 첫 번째 목표는 성을 윤리적으로 비판하지 않는 것, 즉 성을 악마화하지 않는 것입니다. 저는 실제로 독일에서 성과 관련해서 죄의식을 가진 아이를 본 적이 없습니다. 학교에서 성은 생명과 관계된 문제이고 동시에 인권과 관계된 민감한 영역이기 때문에 책임감 있게 행동해야 한다고 가르치지만, 결코 윤리적으로 악마화하지는 않습니다.

언젠가 제가 독일의 민주시민교육을 주제로 한 강연에서 성교육과 관련된 이야기를 한 적이 있는데, 이때 제 강연을 들었던 선생님들이 저를 초청해서 한국성교육교사회에서 강연할 기회가 있었습니다. 저는 '왜 성교육 전문가도 아닌 나 같은 사람을 초청했느냐'고 물었지요. 그랬더니 놀라운 답이 돌아왔습니다. 한국에는 성교육 전문가가 없다는 것입니다. 이 단체도 학교에서 성교육을 담당하는 보건 선생님들이 정보와 노하우를 나누기 위해 자율적으로 결성하게 되었다는 것입니다.

저는 이 말을 듣고 큰 충격을 받았습니다. 성교육은 가장 중요한 정치 교육인데, 그것을 담당할 선생님들을 위한 전문가가 없다면 정말 큰일이 아닌가, 하고 생각했지요. 성교육은 성숙한 민주주의자를 길러내기 위한 첫 걸음인데, 한국에는 아직도 제대로 된 성교육 전문가조차 없는 형편입니다.

생태 교육과 성교육, 독일에서 가장 중요시하는 이 두 교육이 한국에서는 거의 이루어지지 않거나 대단히 미흡한 수준에서 다루어지고 있습니다. 그러다 보니 한국과 독일 학생 들이 생태 문제와 성 문제를 대하는 인식에는 커다란 차이가 있습니다. 예컨대, 한국 청소년들은 대부분 성과 관련해서 상당한 죄의식을 내면화하고 있는데 반해, 성과 관련된 문제로 죄의식을 가진 독일 청소년은 거의 없습니다. 이렇게 한국과 독일 학생 들은 의식과 감수성에서 큰 차이를 보입니다.

원샷 사회와 텐샷 사회

68혁명 없는 한국의 상황, 그 세 번째 특징은 한국 사회가 권위주의 사회라는 것입니다. 한국 사회에 깊게 뿌리박혀 있는 권위주의를 어떻게 타파할지가 지금 우리가 안고 있는 아주 심각한 문제입니다. 독일에서와는 달리 반권위주의 운동이 일어난 적이 없는 한국에서는 권위주의라는 문제가 사회적 의제로 올라온 적도 없습니다. 게다가 학교에서 벌어지는 살인적인 경쟁은 승자독식의 논리와 연결되어 권위주의 문화를 더욱 강화하는 요인으로 작용하고 있습니다.

경쟁을 당연시하는 한국과는 달리 독일에서는 경쟁을 부정적인 원리로 봅니다. 이런 사례로서 독일의 학교 교육에 대해서 이야기해 보겠습니다. 독일의 경우는 학교에서 경쟁을 시키지 않습니다. '경쟁 교육은 야만이다'라는 생각이 이미 1970년대 독일 교육개혁의 기본 원리였습니다. 테오도르 아도르노는 아이들을 경쟁시켜선 안 된다고 강력하게 주장했습니다. 경쟁 이데올로기가 극단화되면 또다시 나치즘 같은 야만을 낳을 수 있다고 보았습니다. 즉 나치즘의 핵심은 아리안 족이 가장 우수하고 유태족이 가장 열등하다는 식의 차별 의식과 우열 사고이고, 그 바탕에는 경쟁의식이 숨어 있다는 것입니다. 그렇기 때문에 학교에서 경쟁을 시키거나 경쟁의식을 부추겨서는 안 된다는 것이지요. 지금도 독일 학교에서는 등수를 매기거나 우열을 나누지 않습니다.

독일에서는 많은 교사들이 시험 보는 날짜를 미리 알려주지 않습니다. 시험은 불시에 실시했지요. 평소 실력으로 보라는 의도도 있지만, 미리 시험 날짜를 알려주면 부모들이 아이들에게 스트레스를 줄 수도 있다고 우려하기 때문입니다. 그런 사례까지 있을 정도로 최대한 아이들을 경쟁시켜서는 안 된다는 것이 독일 교육의 일반적인 모습입니다.

물론 스포츠에서는 경쟁을 하지요. 그러나 스포츠는 삶과는 다른 이야기입니다. 삶과 스포츠를 분리해서 보아야 합니다. 이는 매우 중요한 관점입니다. 스포츠는 당연히 경쟁을 하지만, 삶에서 스포츠의 경쟁 방식을 따르는 것은 야만이라고 아도르노도 분명히 지적하고 있습니다. 스포츠에서 중요한 것은 '성과'이지만, 삶에서 중요한 것은 '행복'이지요.

교육이 무엇입니까? 본래 교육, 즉 '에듀케이트(educate)'라는 말은 '밖으로(e-) 끌어낸다(duc-)'는 뜻입니다. 독일어의 '교육하다(erziehen)'도 의미가 똑같습니다. 고유한 재능은 사람 안에 이미 다 들어 있고, 그걸 끌어내는 게 교육이지 '지식을 처넣는'

것이 교육이 아니라는 말입니다. 그런 맥락에서 보면 우리가 한국에서 배운 교육은 사실 반교육(anti-education)에 가깝습니다.

저는 '경쟁은 야만'이라는 아도르노의 말을 인용하면서 한국도 독일처럼 학교에서 경쟁을 없애야 한다고 강조해 왔습니다. 얼마 전엔 어느 신문 칼럼을 통해 대학 입시를 폐지해야 한다고 주장했다가 상당히 많은 비난성 댓글을 받기도 했습니다. 세상 물정을 모르는 먹물, 현실성 없는 꿈만 꾸는 이상주의자라는 식의 욕을 많이 먹었습니다.

그러나 경쟁 교육을 하지 않는 것, 대학 입시를 폐지하는 것은 사실 비현실적인 구상도, 이상적인 꿈도 아닙니다. 유럽의 많은 나라에서 그런 정신으로 교육이 이루어지고, 입시 제도가 시행되고 있기 때문입니다. 독일을 비롯해서 유럽의 많은 나라들에는 대학 입시가 없습니다. 독일에서는 고등학교 졸업 시험을 아비투어(Abitur)라고 하는데 대학을 가겠다는 의지만 있으면 거의 대부분 다 합격합니다. 독일 출신 방송인 다니엘 린데만 씨에게 들어보니, 그의 경우 120명이 그 시험을 쳐서 그중 1명이 떨어졌다고 하더군요. 아비투어에 붙은 학생은 모두 원하는 대학, 원하는 학과를, 원하는 때에 갈 수 있는 권리를 갖습니다. 여기서 원하는 때에 갈 수 있다는 사실이 매우 중요합니다. 바로 다음 해에 갈 수도 있지만, 5년이나 10년 후에 갈 수도 있습니다.

저는 몇 년 전 독일의 이른바 강소기업을 방문했다가 바로 이런 경우를 직접 경험했습니다. 혹시 버메스터(Burmeister)라는 기업을 아시는지요? 음악에 조예가 깊은 친구를 통해서 이 기업이 세계적인 음향 기기 제조업체라는 것을 저는 나중에서야 알았습니다. 방문 당시에는 그리 잘 알지 못했는데요, 여기서 대표인 디터 버메스터를 만났습니다. 그는 장발에 청바지 차림을 한, 자유분방한 '히피'의 모습이었습니다. 그가 자기 이야기를 했습니다. 고등학교, 즉 김나지움 때 음악에 빠져서 아비투어를 마치고 바로 대학에 가지 않고 친구들과 밴드를 결성해서 음악 활동을 했다고 합니다. 20대 후반 무렵 불현듯 자신의 곡을 생생하게 보존하고 싶다는 생각이 들었고, 그래서 베를린 공대에 들어가 음향 관련 공부를 시작했다고 합니다. 졸업 후 30대 초반에 이 회사를 세운 것이지요.

이것이 아비투어 제도의 실상이지요. 마치 운전면허처럼 한번 아비투어에 합격하면 누구나 원하는 시기에 대학에 들어갈 수 있게 한 거지요.

뿐만 아니라 독일 대학에서는 대학을 옮기는 것도 어렵지 않습니다. 예를 들어서 어떤 학생이 베를린 자유대학 심리학과에 갔다고 합시다. 한 학기쯤 지나면 어떤 현상이 나타날까요? '심리학 별로 재미없네.' 이렇게 생각하는 일이 일어날 수 있지요. 대부분의 학생이 그렇습니다. 한 학기쯤 전공을 공부하다 보면 회의가 생기고 다른 학문이 더 매력적으로 보이는 것은 자연스러운 일이지요. 그러면 '프랑크푸르트 대학 철학과에 가서 철학 공부를 할까?' 또 이렇게 생각하게 되는 거지요. 그러면 대학을 옮기면 됩니다. 새로운 도시로 옮기면 집을 구하는 등 생활에 적응하는 데 어려움이 있겠지만, 그건 자신이 극복할 문제고요. 아무튼 독일 대학에서는 이처럼 비교적 자유롭게 대학과 전공을 옮길 수 있습니다.

물론 독일 대학에도 인기학과가 있어서 학생들이 '넘치는' 경우가 있습니다. 그럴 경우엔 어떻게 할까요? 예를 들면, 독일에서도 의대는 인기가 높아서 지원하는 학생들이 많이 몰립니다. 이렇게 정원보다 많은 학생들이 지원하는 학과를 '정원 제한(NC, Numerus Clausus)' 학과라고 합니다. 학생들이 많이 몰리는 경우 학생을 모두 받아들이는 것은 기술적으로 어렵기 때문에 정원을 제한할 수밖에 없는 것이지요.

이 경우에도 학생을 선발하는 방식이 우리와는 다릅니다. 여기서 우선 알아두어야 할 것은 독일에서 교육은 연방 정부가 아니라 주(州) 정부가 관할하는 사안이라는 사실입니다. 이 말은 독일의 16개 주마다 선발 방식이 다 다르다는 얘기지요. 그래서 '독일 대학은 이렇다더라'라고 하는 말은 대체로 절반만 진실인 경우가 많습니다. 정확하게 말하면 그 대학이 있는 주가 그런 것이지요. 아무튼 독일에서 정원 제한 학과의 학생 선발 방식은 주마다 다릅니다.

초기에는 대부분의 주들이 정원 제한 학과 문제를 풀기 위해 추첨 방식을 택했습니다. 그러다가 아비투어 시험 성적을 반영해야 된다는 학부모들의 주장이 받아들여졌습니다. 이건 어쩌면 당연한 현상입니다. 그러나 여기서 주목해야 할 것은 아비투어 성적을 반영하되, 20퍼센트 이상은 반영하지 못하도록 했다는 사실입니다. 이러한 결정의 배경에는 '경쟁은 야만'이라는 정신이 버티고 있는 것이지요.

아비투어 성적과 같은 비중으로 반영하는 것이 바로 대기 기간이라는 사실도 흥미롭습니다. 정원 제한 학과에 입학하기 위해 몇 년을 기다려 왔는지를 비중 있게 고려해야 한다는 것이지요. 의대의 경우는 아비투어 성적이 좋지 않아도 대체로 3년 정도 대기하면 입학할 수 있습니다. 또한 대기 기간 중에는 관련 분야와 연관된 과목을 미리 수강하거나 실습할 기회를 최대한 제공하는 대학이 많습니다.

아비투어 성적이 좋아서 들어온 아이들과 인내심을 갖고 기다린 끝에 입학한 아이들 중에서 누가 더 좋은 의사가 됐을까요? 이에 관한 흥미로운 연구들이 있었는데, 대기 끝에 들어온 아이들이 졸업 후에 더 훌륭한 의사가 되었다는 연구 결과가 많습니다. 꼭 치열한 경쟁을 시켜야 우수한 인재를 기를 수 있다는 우리의 뿌리 깊은 편견을 깨뜨리는 결과이지요.

지금 우리 한국인은 경쟁을 마치 정의의 유일한 기준인 양 절대시하는 사회에서 살고 있습니다. 정의는 그렇게 단순한 것이 아닙니다. 우리는 정의의 폭을 넓혀야 합니다. 여기서 독일과 한국의 차이가 분명해집니다. 독일 사회는 그 구성원에게 최대한 많은 기회를 제공하려고 하는 반면, 한국 사회는 그 구성원에게 최소한의 기회마저 박탈하려고 합니다.

독일 만하임응용대학의 빈프리트 베버(Winfried Weber) 교수는 한국 교육을 살펴보고 나서 "독일은 텐샷(10 Shot) 사회인데 반해, 한국은 원샷(1 Shot) 사회이다"라고 말했습니다. 독일인에게는 열 번의 기회가 주어지는데, 한국인에게는 한 번의 기회밖에 주어지지 않는다는 것이지요.

지금 독일이 이렇게 부유하고 성숙한 사회가 된 것은 바로 그 사회 구성원 모두에게 최대한 자신의 재능을 실현할 기회를 제공하기 때문이라고 저는 생각합니다. 반면 한국은 너무도 많은 재능들이 발현되지 못한 채 사장되는 사회이지요.

한국은 기회를 박탈하는 사회일 뿐만 아니라, 기회를 박탈당한 사람들을 차별하는 사회이기도 하지요. 사람들은 이러한 '이중의 박탈'을 일상적으로 경험하며 살아갑니다. 정규직과 비정규직 사이의 차별은 말할 것도 없고, 대기업과 중소기업 사이에도 엄청난 차별과 격차가 존재하지요. 이러한 현실이 우리가 지극히 기형적인 사회에 살고 있음을 보여주는 것입니다.

4

자기착취와 소외에 병들어가다

내 안의 노예 감독관

지금 한국은 끔찍한 '자기착취' 사회입니다. 이것을 인식하는 것은 대단히 중요합니다. 옛날에는 주인이 직접적인 폭력을 행사하면서 노예를 착취했습니다. 오늘날에는 더 이상 그렇게 물리적 폭력으로 착취하지 않습니다. 물론 그런 착취가 여전히 남아 있지만, 최소한 그것이 주된 착취 방식은 아닙니다. 오늘날에는 노예가 스스로 알아서 자신을 착취하도록 만듭니다. 비유하자면, 옛날에는 노예 감독관이 밖에서 채찍을 휘두르며 착취했다면, 지금은 노예 감독관을 내 안에 심어놓고 스스로 알아서 착취하게 합니다. 그것이 자기착취입니다. 한국은 세계에서 자기착취가 가장 심한 나라입니다. 자기착취가 '자기 계발'이라는 이름으로 끝없이 자행되는 나라가 바로 대한민국입니다.

　이것은 정말 소름 끼치는 얘기입니다. 타인이 착취를 하는 경우에는 착취당하는 자의 내면에 착취하는 자에 대한 저항 의식이 생깁니다. 그러나 스스로 자신을 착취하는 경우에는 내면에 죄의식이 생겨납니다. 이게 끔찍한 것입니다. '내가 잘못해서 안 되는구나.' '내가 게을러서 실패하는 거지.' '내가 공부 안 해서 이렇게 된 거야.' '내가 더 노력해야 해.' 이렇게 끊임없이 자기를 비난하고 착취합니다. 바로 그렇기 때문에 착취를 당하면서도 착취자를 공격하는 것이 아니라 자기 자신을 공격하는 것입니다.

　우리 사회가 그 많은 자살과 자해의 지옥이 된 이유도 바로 여기에 있습니다. 다시 말하면 한국 사회가 세계에서 유례가 없는 '자살 사회'로 굳어진 것은 바로 한국 사회가 '자기착취 사회'이기 때문입니다. 이제 우리는 이런 사회적·심리학적 구조를 정확히 투시해야 합니다. 사회적 문제를 개인적 문제로 부단히 전가하는 지배자들의 기만적인 논리를 내면화하고 신념화해서는 이 사회를 변혁할 수 없습니다.

　'설마 내 안에 노예 감독관을 심어놓았으랴' 하고 의심하는 분들은 한번 실험해 보세요. 아주 간단합니다. 어느 햇살 좋은 날, 맛있는 커피도 마시고 멋진 음악도 들으면서 기분 좋은 추억을 떠올리며 행복감을 느끼려고 시도해 보세요. 바로 그 순간, 내 안에서 이렇게 속삭일 것입니다. '너 지금 뭐 하니? 너 지금 이럴 때야? 네가 이러고 있을 때 다른 사람들은 뭐라도 열심히 하고 있을 텐데, 이러고 있어도 되겠어?' 그러면 서서히 내가 너무 안이한 것은 아닌가, 너무 뒤처지고 있지는 않나 하는 불안감이 엄습합니다. 그런 경험 모두 갖고 계시지요. 그것이 바로 나의 노예 감독관입니다. 그것이 바로 자기착취입니다.

한국인들은 사람이라면 누구나 가져야 할 가장 기본적인 권리, 그러니까 행복감을 느낄 권리마저 박탈당하고 있습니다. 이 사회는 끊임없이 자기를 착취하도록 요구합니다. 그러면서 착취의 결과로 생기는 온갖 불행에 대한 책임을 개인에게 전가합니다. 정말 이상한 사회입니다. 개인을 억압하는 잘못된 사회구조 때문에 생긴 불행의 책임을 개인에게 물으며, 다시 또 개인을 착취하는 이상한 사회가 된 것입니다.

우리 사회가 이처럼 자기착취 사회가 된 것도 68혁명을 제대로 경험하지 못했기 때문입니다. 68혁명 당시 가장 유명한 구호 중 하나는 바로 '정치 투쟁의 최전선은 내 안에 있다'라는 거였습니다. '정치 투쟁의 최전선'은 나를 억압하는 외적인 질서 즉 정치권력 혹은 사회구조에 있는 것이 아닐까요.

그런데 이것들이 '내 안에 있다니, 이건 무슨 뜻일까요? 누구든 나를 억압하거나 노예로 만드는 대상은 '밖'에, 나의 외부에 있다고 생각하기 마련입니다. 하지만 그것이 아니라는 거지요. 내가 가지고 있는 생각, 내가 느끼는 감정, 내가 어떤 대상을 받아들이는 감수성, 심지어 내가 품고 있는 욕망, 내 꿈에서 나타나는 무의식까지 과연 그게 '나'의 것일까요? 아니면 나를 노예로 부리는 자의 것일까요? 이 구호가 던지는 물음의 핵심은 바로 이것입니다. 만약 나의 사유, 감정, 감수성, 욕망, 무의식이 나의 것이 아니라 나를 노예로 만드는 자의 것이라면, 나는 어떻게 거기서 해방될 수 있을까요?

이건 정말로 무서운 인식입니다. 68세대는 이러한 깨달음을 통해 '정체성의 정치'에 이릅니다. 즉 '나를 이해하는 것이 세계를 이해하는 것이다'라는 인식을 갖게 된 거지요. '가장 개인적인 것이 가장 정치적인 것이다'라는 구호도 이런 맥락에서 나온 것입니다.

'노예 감독관은 내 안에 있다'는 통찰에 가장 큰 영향을 준 사상은 68세대의 '정신적 지도자' 허버트 마르쿠제의 사상입니다. 그의 저서 『일차원적 인간』은 68세대에게는 헤세의 소설 『황야의 이리』와 함께 성경처럼 여겨지던 '정전'이었습니다. 그는 이 책에서 "자유인이 되기 위한 첫 번째 조건은 노예 상태에 있으면서 자유롭다고 생각하는 환상에서 벗어나는 것"이라는 유명한 말을 남겼습니다. 노예 상태를 인식하는 것, 이것이 자유인의 첫 번째 조건입니다. 다시 말하면 노예 상태에서 있으면서 자유롭다고 생각하는 사람은 절대 자유인이 못 된다는 거지요.

제가 보기엔 지금 한국인은 대다수가 노예의 삶을 살고 있습니다. 자본이 주입한 논리에 따르며 끊임없이 자기를 착취하는 것입니다. 그런데 스스로는 노예 상태에 있다는 걸 모르고 있습니다. 그런 사람이 도대체 어떻게 자유인이 될 수 있을까요?

이런 인식은 68세대의 전형적인 사유 방식이지만, 68혁명을 경험하지 못한 한국인에게는 여전히 낯선 것입니다. 이제라도 내 '안'에 있는 노예 감독관과 정치 투쟁을 개시해야 합니다. 나의 생각, 감정, 감수성, 욕망, 무의식까지 다시 분해하고, 체질하고, 점검하고, 분리하고, 조합해야 합니다. 무엇이 나의 것이고, 무엇이 저들의 것인지, 무엇이 나를 자유인으로 만들고, 무엇이 나를 노예로 만드는지 꼼꼼히 따져봐야 합니다. 그리하여 내 생각, 감정, 욕망, 무의식이 나의 노예 감독관이었음을 충격적으로 각성하는 것, 그것이 '최전선에서의 정치투쟁'인 것입니다.

애초에는 권력이나 권위가 외부에 있었습니다. 권력이나 권위는 물리적 폭력에 기초한 외적인 것이었지요. 그 후 권력과 권위의 형태는 내적인 방향으로 발전합니다. 이른바 '내적' 권위 혹은 권력이 강력해지는 것이지요. 도덕이나 윤리가 그런 권위입니다. 그런데 오늘날 강력한 권위는 또 다른 형태입니다. 이른바 '익명'의 권위이지요. 익명의 권위는 무엇일까요? '너는 상식도 없니?' 이런 말은 강력한 영향력을 가지고 있습니다. 익명의 다수가 공유하는 지식이나 인식, 즉 상식, 여론 같은 것이 익명의 권위이지요. 요컨대 외적 권위, 내적 권위, 익명적 권위, 이런 것들이 모두 이 사회를 지배하는 권위 혹은 권력이지요.

그런데 사실 이 모든 것은 이 사회를 지배하는 자들이 만들어 놓은 것입니다. 다시 말하면 일종의 변형된 지배 방식이지요. 폭력을 통한 지배에서 가치를 통한 지배로, 다시 상식이라고 불리는 '사물의 질서'를 통한 지배로, 지배의 역사가 변해온 것이지요. 이에 대해서는 에리히 프롬이 여러 책에서 상세히 다루고 있습니다.

내 안의 노예 감독관은 '물리적 권위'에서 '윤리적 권위'로, 다시 '익명의 권위'로 발전해 온 것입니다. 그 모두는 사실 나를 노예로 부리는 지배자들이 나의 내면에 심어놓은 것이고, 이것을 신념화하면서 나는 완벽한 노예로 길들여지는 것이지요. 바로 여기에 '자기착취'라는 놀라운 전도 현상의 비밀이 있는 것입니다. 자유인이 되고자 하는 자는 '모든 지배적인 사상은 지배계급의 사상'이라는 사실을 잊어서는 안 됩니다.

저는 이런 이유로 자기착취를 조장하고 장려하고 미화하는 일체의 담론에 분노의 마음을 가지고 있습니다. '아프니까 청춘이다', '젊어서 고생은 사서도 한다'라는 식의 말들을 들으면 화부터 나지요. 한국에서 사는 이 고단한 아이들에게 스스로를 끊임없이 '좀 더' 착취하라고 권유하고 있기 때문입니다. 자기착취의 끝에는 '성공'이 기다리고 있다는 기만적인 희망을 부추기고 있기 때문입니다.

지금 한국에서는 자기착취를 통한 지배가 너무도 전면적으로 사람들을 장악하고 있습니다. 한국인들은 68혁명의 문제의식을 제대로 접해보지 못했기 때문에 저의 이런 주장이 낯설거나 도발적으로 느껴질지도 모르겠습니다. 유럽에서는 벌써 50년 전부터 이런 생각을 많은 사람들이 공유하고, 학문적으로 토론해왔을 뿐만 아니라 일상적으로도 실천해 왔습니다.

저는 평범한 독일 사람들이 몇 명만 모여도 '과연 이 사회가 인간을 어떤 식으로 착취하고 어떤 식으로 지배하는지'에 대해 열을 올리며 토론하는 모습을 보고 충격을 받은 적이 여러 번 있습니다. 바로 이러한 인식을 폭넓게 공유하고 있기 때문에 그들은 현대의 '총체적 지배'로부터 해방을 모색하는 성숙한 민주시민이 될 수 있었던 것입니다.

수단에 잡아먹히다

68혁명의 부재와 관련하여 '소외(Entfremdung)'의 문제도 빼놓을 수 없습니다. '소외'는 현대인을 이해하는 데 정말 중요한 개념인데, 한국에는 자기착취라는 개념처럼 소외라는 개념도 아직

도착하지 않았습니다.

소외는 사실 깊은 철학적 함의를 지닌 좀 어려운 개념입니다. 우리는 일상용어로서 소외라는 말을 흔히 사용하지만, 그 철학적 의미를 제대로 이해하는 경우는 드뭅니다. 그것은 누군가를 배제시킨다, 고립시킨다, 왕따시킨다 정도로 사용되는 것 같습니다. 그런데 원래 소외의 의미는 '배제'라기보다는 '전복'에 그 핵심이 있습니다. 즉 흔히 '현대인의 소외'라고 말할 때는 현대인이 고립되고 배제된 삶을 산다는 의미보다는 현대인의 삶이 '뒤집어져 있다'는 의미가 강한 것이지요. 그래서 소외란 말이 중요합니다. 바로 우리의 삶이 뒤집어져 있으니까요.

소외라는 개념은 원래 종교 분석에서 나왔습니다. 루트비히 포이어바흐(Ludwig Andreas Feuerbach)는 소위 헤겔 좌파에 속하는 사상가로서 종교를 일종의 '소외' 현상으로 보았습니다. 그의 명제는 간명하고 분명합니다. '신이 인간을 만든 것이 아니라, 인간이 신을 만든 것이다'라는 거지요. 기존의 지배적인 학설인 창조설을 완전히 '전복'한 겁니다. 신이라는 존재는 인간이 가지고 있는 욕망과 소망, 좌절과 절망을 외부에 투사한 존재인데, 이 신이 인간으로부터 점점 멀어지면서 어느 순간 낯설어지더니 마치 하나의 독자적인 존재인 것처럼 인간을 지배하고, 역으로 인간이 신을 경배하는 전도된 현상이 나타났다는 것입니다. 그러니까 어떤 대상이나 현상이 본래는 '나'의 필요에 의해서 생겨난

'나'의 것이었는데, 이것이 점점 '나'로부터 멀어져 낯설어지더니 어느 순간부터 독립적으로 움직이면서, 이제는 역으로 '나'를 지배하고, '나'는 그것에 종속되는 전도 현상―이것을 소외라고 부르는 것이지요.

현대사회는 완전히 소외가 지배하는 사회입니다. 돈, 즉 화폐를 예로 들어보지요. 돈은 인간이 필요에 의해서 발명한 것이지만, 지금은 돈이 인간을 지배하고 있습니다. 화폐는 본래 인간이 교환의 편리를 위해서 만든 수단에 불과하지요. 그런데 어느 순간부터 이것이 인간으로부터 낯설어지더니 독자적인 세계에 있는 듯이 자기운동을 하고, 이제는 아예 인간의 통제를 넘어서 버렸습니다. 돈이 '나'를 지배하게 된 것입니다. 내가 아무리 노동을 하고 노력을 해봐야 돈이 자기들 세계에서 노는 것이 내가 창출해 내는 것보다 훨씬 더 많은 부가가치를 만들어냅니다. 그러니까 마르크스는 '자본주의 사회의 주체는 인간이 아니라 화폐'라고 일갈한 것입니다. 완전한 전도지요. 화폐는 하나의 사례일 뿐입니다.

현대사회는 이처럼 완전히 전도된, 즉 소외된 세계입니다. 하나의 예를 더 들어볼까요? 미디어도 대표적인 소외 현상입니다. 미디어 역시 인간이 만들어낸 것이지만, 인간의 통제권을 벗어나서 마치 독자적인 세계인 양 인간을 지배합니다. 최근 주목을 받는 '인공지능'도 당연히 소외 현상이지요. 특히 이세돌이 알파고와 대국할 때 인공지능의 명령을 받아 바둑판에 대신 돌을 놓은 중국인 아자황의 모습은 소외된 현대인을 극적으로 상징하는 것입니다.

과연 우리는 소외를 극복할 수 있을까요? 소외를 극복하기 위해서는 우선 소외 상태에 있다는 것을 인식해야 합니다. 노예 상태를 극복하기 위해서는 먼저 노예 상태에 있다는 것을 인식해야 하는 것처럼 말입니다.

한국에서는 소외에 대한 인식이 거의 없습니다. 우선 우리의 삶이 거대한 소외에 빠져 있음을 깨닫는 것이 중요합니다. 그러기 위해서는 인식이 필요하고, 인식을 위해서는 독서가 필요합니다. 여기서 또 문제가 발생합니다. 한국인은 책을 읽지 않기 때문입니다. 한국의 실질 문맹률이 OECD 국가들 중 가장 높다는 것을 아시나요. 실질 문맹률이란 사실상 독서를 하지 않는 비율을 뜻합니다. 문맹은 아니지만 책을 거의 읽지 않기 때문에 사실상 문맹과 다르지 않은 상태를 말하니까요. 인식과 성찰이 사회 문화로 자리 잡지 못한 공동체에서 소외를 극복하기란 불가능합니다.

현대사회에서 소외를 완전히 넘어서기는 불가능한 일이지만, 소외를 극복하려는 인식을 갖는 것과 아예 그런 인식 자체가 없는 것에는 커다란 차이가 있습니다. 한국 사회가 좀 더 성숙한 사회로 나아가려면 독서문화가 활성화된 가운데 소외에 대한 인식이 확장되어야 합니다. 그래야 탈물질주의와 생태적 상상력의 지평이 열리고, 전도된 소외의 세상에 대한 대안적 삶으로서 인간다운 삶을 회복하려는 다양한 시도가 이루어질 것입니다.

단단한 성(性)의 장벽

마지막으로 최근 한국 사회에서 화두가 되고 있는 미투(Me Too) 운동 혹은 페미니즘 운동에 대해 한마디 하고 싶습니다. 왜냐하면 이런 현상들은 한국 사회에서 68혁명의 부재가 얼마나 커다란 문화 지체를 낳았는지를 보여주는 생생한 사례이기 때문입니다. 여성해방 운동과 페미니즘 운동은 68혁명의 중요한 흐름 가운데 하나였는데, 이제서야 한국에서 그런 현상들이 본격적으로 나타나기 시작한 것이지요.

저는 최근의 여성주의 흐름이 대단히 중요한 현상이고, 향후 한국 여성운동이 한국 사회를 변화시키는 핵심적인 세력으로 성장하리라 보고 있습니다. 유럽과 서구의 흐름을 보면 어느 사회에서나 여성들이 남성들에 비해 더 '진보적'이었다는 것을 알 수 있습니다. 이는 여성들이 어느 사회에서나 성적 억압과 사회적 억압, 즉 이중의 억압을 당해왔기 때문입니다. 바로 그렇기 때문에 여성은 남성에 비해 고통과 억압에 대해 예민하게 반응하고 공감하는 능력이 뛰어납니다. 저는 '진보'란 정치적 좌우 개념을 넘어서 보다 넓은 의미에서 '고통과 억압에 대한 민감성'이라고 정의하고 싶습니다. 쉽게 말하자면 어떤 개인이나 집단이 겪은 고통과 억압을 보다 민감하게 느끼는 감수성을 가진 사람이 좌파라는 겁니다. 이에 반해 보수는 대개 고통과 억압보다는 권력과 질서에 민감하지요.

여성이 더 진보적이라는 것은 현실 정치에서도 확인할 수 있습니다. 보다 진보적인 정당일수록 여성의 정치 참여 비율이 높습니다. 독일의 의회를 보면 정당의 진보성과 여성의 대표성은 거의 정비례합니다. 여성 의원 비율을 보면 보수당인 기독교민주당과 자유주의 성향의 자유민주당이 20퍼센트대, 사회민주당이 40퍼센트대이고, 좌파당부터는 50퍼센트대를 넘고 녹색당의 경우는 이보다도 높습니다.

유럽의 다른 나라도 대체로 비슷한 경향을 보입니다. 유럽의 복지국가일수록 여성 의원 비율이 높은 것도 같은 이유 때문입니다. 스칸디나비아 국가들, 즉 노르웨이, 스웨덴, 핀란드는 여성 의원들의 비중이 높기로 유명하지요.

이런 맥락에서 보면 한국 정치의 보수성과 후진성은 여성 정치의 과소 대표성과 깊은 관련이 있다고 할 수 있습니다. 이제 한국에서도 일련의 정치 사회적 문제의 해결에 여성의 중요성이 제고되는 시기입니다. 하지만 여성들의 해방 의식은 여전히 높지 않은 것이 현실입니다. 얼마 전에 불붙었던 미투 운동을 돌아보세요. 용기 있는 여성들이 남성 가해자를 고발했고, 법정 투쟁도 마다하지 않았습니다. 그 결과 여기저기서 법적으로 의미 있는 판결을 이끌어내기도 했습니다. 그러나 거기까지였습니다. 남성 가해자를 도덕적으로 비판하고 단죄하는 데까지였습니다. 그런 성 문화를 낳은 사회, 그런 남성문화를 잉태한 구조를 문제 삼는 데까지는 나아가지 못했습니다. 남성지배 사회시스템의 강고한 벽에 부딪힌 거지요.

저는 이것이 한국 여성운동이 처해 있는 현재의 상황이라고 생각합니다. 그러니까 지금의 미투 운동, 페미니즘 등을 이끄는 여성운동 세력은 좀더 조직 역량을 강화하고, 문제의식을 첨예화해야 할 시대적 과제를 떠안고 있습니다. 한국의 남성문화는 남성 가해자 몇몇의 개인적 도덕성을 비난하거나 단죄한다고 바뀔 수 있는 것이 아닙니다. 한국 사회를 지배하고 있는 권위주의 문화, 그중에서도 특히 남성들이 빠져 있는 병영문화, 군사문화, 폭력문화 등을 사회적 공론장에 올려놓아야 하고, 전통적인 가부장 지배와 거기서 배태된 소위 '남성성'이라는 개념의 시대착오적 성격을 집중적으로 겨누어야 합니다.

그리고 이보다 더 근본적이고 중요한 것은 바로 체계적인 성교육입니다. 지금처럼 사실상 성교육이 아예 부재한 상황에서는 남녀의 성 인지 교육은 물론 '강한 자아'를 기르는 교육도 불가능합니다. 이제부터라도 학교에서 체계적인 성교육을 함으로써 성폭력, 성희롱, 성추행이 난무하는 이런 야만적인 사회가 더 이상 지속되는 것을 막아야 합니다.

얼마 전에 저는 한 신문에 '이중적 성도덕과 괴물의 탄생'이라는 제목으로 미투 운동을 다룬 칼럼을 쓴 적이 있습니다. 한국은 이중적 성도덕이 지배하는 나라입니다. 공식적으로는 너무나 엄숙한 성 문화가 지배하지만, 일상에서는 도처에서 성을 거래하고 착취하는 사회입니다. 우리나라처럼 이렇게 일상적으로 성이 거래되고 판매되는 나라도 많지 않을 것입니다. 노래를 하는데 왜 여자가, 혹은 남자가, '도움이(도우미)'로 들어오지요? 내가 노래하는데 무슨 '도움'을 준다는 거지요? 그런 터무니없는 일들이 매일매일 벌어집니다. 지금은 많이 바뀌었지만 회사나 기업에서 2차 접대는 성접대인 것이 '상식'처럼 여겨지던 때도 있었습니다. 요즘에도 그것을 심각한 문제로 여기기보다는 '걸리지만 않으면 된다'고 생각하는 사람이 적지 않습니다.

이러한 이중적 성도덕이 지배하는 사회에서는 보다 근본적인 물음이 제기되어야 합니다. 저는 이렇게 물어야 한다고 생각합니다. 한국 사회에서 12년 동안 교육을 받고, 3년 동안 군대를 갔다 온 저 같은 남성이 '정상적인 인간'이 되는 게 가능한가? 제 경험으로는 불가능합니다. 저는 독일에서 8년을 살면서 비로소 제가 괴물이었다는 사실을 깨달았습니다. 공간적 거리를 가지고 스스로를 객관적으로 바라볼 기회를 갖고서야 자신을 새롭게 인식한 거지요. 그러나 한국에서만 살아온 사람이 자신이 괴물로 길러졌다는 것을 어떻게 알겠습니까. 일상화된 공간 안에서 살면서 자신을 객관적으로 바라본다는 것은 신의 능력에 속합니다. 거의 불가능한 일이지요. 그러니 남성 가해자들을 마냥 비난할 수만도 없는 것이고, 그것이 근본적인 처방이 되지도 않는 거지요. 개인적인 노력만으로, 도덕적인 각성만으로 해결될 수 있는 문제가 아니라는 얘기입니다.

그런 의미에서 가장 중요한 것은 성과 관련된 담론이 공론장에서 공개적으로 논의되는 것입니다. 성교육은 어떻게 해야 하는지, 한국 남성의 왜곡된 성 의식의 기원은 어디인지, 성적 대상화의 표적으로서 한국 여성의 일상적 고통은 어떤 것인지, 일상화된 성적 거래와 착취의 원인은 어디에 있는 것인지, 이런 다양한 현실의 문제들이 텔레비전, 라디오, SNS 등 영향력 있는 공론장에서 대담하게 논의되어야 합니다. 또 학교에서 체계적인 성교육을 시행하는 것도 굉장히 중요하고요. 민주주의 교육의 일환으로서도, 인간에 대한 예의와 생명에 대한 존중을 가르치는 인성교육으로서도 성교육은 매우 중요합니다.

지금까지 인권 감수성에서부터, 소비주의, 권위주의, 자기착취와 소외, 성도덕 문제에 이르기까지 68혁명의 부재가 한국 사회에 드리운 '그늘들'을 짚어보았습니다. 이런 문제들이 서구에서는 젊은이들 사이에서 깊이 있게 논의되고 실천적으로 극복되었지만, 우리나라에서는 개념조차 제대로 논의되지 않았습니다. 비유컨대 한국 사회는 서구 사회가 50년 전에 졸업한 '현대 초등학교'를 아직도 마치지 못한 셈입니다. 그들과 반세기의 격차가 생겨난 것이지요. 현재 한국 사회에서 젊은 세대가 제기하는 '헬조선' 담론이나 '꼰대' 담론은 바로 우리가 제대로 현대사회의 초등교육을 받지 못했기 때문에 생겨난 현상으로 보아도 무방합니다.

그럼 한국 사회는 왜 이런 지체된, 세계사의 흐름에서 유리된 사회가 되었을까요? 왜 세계적인 '예외 국가'가 되었을까요? 그것은 우리 사회가 거쳐온 독특한 역사적 경로 때문입니다. 식민 지배와 군정, 분단과 냉전, 내전과 반공주의, 군사독재와 민주화라는 격변의 역사 속에서 생겨난, 대한민국만이 거쳐온, 아주 독특한 역사적 경로가 있었던 것입니다. 특히 분단체제는 지난 70년간 우리 사회를 아주 기형적인 사회로 만든 핵심적인 요인입니다.

제3장

악순환의 연결 고리를 찾아서

시대착오적인 헬조선의 자화상

'큰 나라' 대한민국

이제부터는 민주주의의 문제를 포함해 더 근본적인 이야기를 하려고 합니다. 그것은 한국 사회가 가지고 있는 일종의 수수께끼 같은 것인데, 정치 민주화와 경제 기적을 이루었다고 하는 한국 사회가 왜 '헬조선'이 되었는가 하는 물음에 답하는 것입니다.

우리가 정치 민주화를 이룬 부분은 정말 대단한 일입니다. 우리는 아시아 민주주의의 상징이 되었습니다. 전 세계에서 민주주의가 위기에 놓인 상황 속에서 유라시아 대륙의 저 끝, 대한민국의 수도 한가운데 있는 광장에서 피어오른 거대한 촛불은 그야말로 세계 민주주의의 등불이 되었습니다.

그뿐만 아니라 한국은 경제적으로도 굉장히 잘사는 나라가 된 지 오래입니다. 최근에는 30-50 클럽, 말 그대로 인구가 5천만 명 이상 되는 국가 중에서 국민소득이 3만 불이 넘는 나라만 들어갈 수 있는 클럽에 끼게 되었습니다. 미국, 일본, 독일, 영국, 프랑스, 이탈리아에 이어 세계에서 일곱 번째로 말입니다.

저는 1년에 한 번 정도 이런저런 일로 독일에 가는데 갈 때마다 우리가 정말 잘사는 나라가 되었다는 사실을 실감합니다. 그런 기분이 가장 많이 느껴지는 곳이 바로 아우토반입니다. 아시다시피 독일의 고속도로를 아우토반이라고 하는데, 그곳은 세계에서 유일하게 속도제한이 없는 것으로 유명하지요. 그러다 보니 아우토반은 전 세계 자동차의 시연장 같은 곳이 되었습니다. 그리고 독일 하면 또 자동차의 나라 아닙니까. 그래서 세계적인 명성의 좋은 차들이 많지요. 놀라운 것은 그런 독일 아우토반에서 한국 차들이 쌩쌩 달리고 있다는 사실입니다. 독일의 도로에서 일본 차가 거의 보이지 않는 것도 이상하고요. 제가 유학 생활을 하던 무렵에는 한국 차는 거의 없었고 10퍼센트 정도가 혼다, 도요타 같은 일본 차였습니다. 하지만 이제는 판도가 완전히 바뀌었습니다. 우리나라의 위상이 그 정도가 된 것입니다.

또한 유럽 호텔이나 유스호스텔 객실에 비치되어 있는 텔레비전은 대부분 한국 제품입니다. 거의 90~100퍼센트라고 할 수 있지요. 동유럽 국가들도 상황은 비슷합니다. 어딜 가나 삼성 혹은 LG 제품을 만날 수 있습니다. 그래서 여행을 하다 숙소에 들어가면 마치 집에 온 것처럼 친숙한 기분이 들기도 합니다. 텔레비전뿐만 아니라 휴대폰도 마찬가지입니다. 우리나라는 이미 휴대폰 강국으로 인정받고 있지요.

이런 것들을 보면 우리가 정말 부유한 나라가 되었다는 느낌을 갖지 않을 수 없습니다. 또 실제로 정말 부유한 나라가 되었고요. 한국은 정치 민주화를 이룬 동시에 급속히 빠른 속도로 경제성장을 이룬 보기 드문 나라입니다. 아시아 지역에서 한국 같은 나라는 없습니다.

그런데 여기에 한 가지를 더하자면, 대한민국이 우리가 알고 있는 것만큼 작은 나라가 아니라는 사실입니다. 우리나라가 작다고 생각하십니까? 남한의 인구가 5천2백만 명이고, 북한의 인구를 2천6백만 정도로 추정하니까 합치면 대략 7천8백만 명입니다. 그렇다면 이 인구 규모를 가진 나라가 유럽에 가면 어느 정도에 속할까요? 굉장히 큰 나라라고 할 수 있습니다. 유럽에서 가장 큰 나라는 독일입니다. 독일 인구는 대략 8천4백만 명 정도 됩니다. 독일 다음으로는 영국, 프랑스, 이탈리아가 있는데 이 나라들의 인구는 각각 약 6천8백만 명, 6천5백만 명, 6천만 명 정도입니다. 그러니 인구를 비교해 보면 대한민국은 상당히 큰 나라인 것입니다. 그런데 우리는 스스로 작은 나라라고 여깁니다.

왜 그럴까요? 그것은 우리가 작은 게 아니라 우리 주변 나라들이 너무나 크기 때문입니다.

먼저 미국은 정치적으로나 군사적으로나 세계를 지배하는 나라입니다. 일본은 경제적으로 최강국에 들어가는 나라고요. 중국은 세계에서 인구가 가장 많습니다. 정말 어마어마하죠. 현재 14억 4천만 명 정도로 추정하지만 단지 추정일 뿐 얼마나 많은지는 중국 정부조차도 모른다고 합니다. 통계에 잡히지 않는 '무호적자'가 워낙 많기 때문이지요. 중국은 한때 인구 증가를 막기 위해 국가가 나서서 한 가정에 아이를 한 명 이상 낳지 못하게 했습니다. 그래서 둘째, 셋째 아이들은 주민으로 등록할 수 없었고, 그 수가 얼마인지 아무도 모르는 것입니다. 러시아 역시 어마어마하게 큰 나라입니다. 국토 면적이 가장 큰 나라지요.

그 4대국 사이에 절묘하게 우리나라가 있습니다. 전 세계에서 이렇게 힘이 센 국가들 사이에 있는 나라는 없습니다. 지정학적으로 대한민국은 매우 독특한 위치에 자리 잡은 나라인 것입니다.

돌아보면 우리가 처한 지정학적 위치는 우리에게 커다란 시련의 조건이었고, 앞으로도 그럴 수 있습니다. 하지만 또 달리 생각한다면 이것을 활용해 큰 발전을 이룰 조건으로 삼을 수도 있지요. 경제 분야 전문가들 중에는 "남한과 북한을 합치고, 중국 연변과 러시아 연해주 연안에 있는 한인들을 다 묶으면 약 1억 명 규모의 한민족 경제 공동체를 이룰 수 있다"라고 주장하는 사람들도 있습니다. 그러면 경제적으로 탄탄한 내수 시장이 형성되고, 그것이 더 큰 발전의 토대가 될 수 있다는 이야기입니다. 즉 동북아 경제의 허브 역할을 할 수 있다는 거지요. 우리의 지정학적 위치가 유리한 조건이 될 수도 있다는 얘깁니다.

사람들이 자꾸만 뛰어내린다

우리는 놀라운 정치 민주화를 이루었고, 경이로운 경제성장을 달성했을 뿐만 아니라, 지정학적으로 보나 인구론적으로 보나 더 큰 발전의 가능성을 가진 나라입니다. 여기까지가 희망의 근거입니다.

그런데 여기서 우리는 우리의 또 다른 측면을 냉정하게 들여다보아야만 합니다. 아시다시피 우리나라는 15년째 OECD 회원국 중에서 자살률 1위를 기록하고 있습니다. 이건 정말 심각한 문제입니다. 저는 촛불혁명 정부를 자처하는 현 정부조차도 자살 문제를 진지하게 고민하지 않는 것에 실망을 금할 수 없습니다. 자살은 사회적 문제이지 결코 개인의 문제가 아닙니다. 그런데 우리 정부는 이 문제에 너무 안이하게 대처하고 있습니다. 정확히 보면, 사실 우리나라가 15년째 계속 자살률 1등을 한 것은 아닙니다. 2017년에는 인구 270만 명 규모의 리투아니아라고 하는 발트해 연안의 작은 나라가 1등을 했습니다. 그때는 우리가 2등이었는데 2018년에 다시 1등을 '탈환'한 것입니다.

이에 대해서 보건복지부가 발표한 내용을 보고 정말로 화가 치밀었습니다. 정부가 자살의 원인에 대해 뭐라고 했는지 혹시 아십니까? 바로 유명인들의 자살이 늘어서, 이에 따른 모방 자살 증가로 그렇게 되었다는 식이었습니다. 정말 어이가 없었습니다. 그리고 KBS 뉴스에서는 자살 충동을 극복하는 방법으로 운동을 권유하는 보도를 내보내면서 영상으로는 헬스장을 보여주는 것이었습니다. 저는 그것을 보면서 '어떻게 국가가 이럴 수 있나'라는 생각에 절망했습니다.

이것은 너무나도 안이한 태도이자, 명백한 직무 유기입니다. '왜 그렇게 많은 사람들이 한국에서 살 수 없다면서 스스로 목숨을 끊는가.' 이에 대한 진지한 성찰은 찾아볼 수 없었습니다.

많은 사람들이 자살이라는 극단적인 방법을 선택하는 가장 큰 이유는 바로 절망감입니다. 미래가 보이지 않기 때문이지요. 우리나라는 특히 노인 자살률이 압도적으로 높은데 통계에 따라서는 세계 평균의 10배까지 나오기도 합니다. 노인들은 이제 자연사를 눈 앞에 둔 분들입니다. 자기의 삶을 의미 있게 정리하고, 편안하게 생을 마감해야 할 나이에 스스로 목숨을 끊는다는 것은 너무도 끔찍한 일입니다.

현재 한국에서 일상화되어 버린 노인 자살의 첫 번째 원인은 바로 노인 빈곤입니다. 2016년 통계에 따르면 대한민국의 노인 빈곤율은 44퍼센트 정도입니다. 유럽의 다른 국가를 살펴보면 네덜란드가 3퍼센트, 덴마크가 1.4퍼센트입니다. 그러니까 덴마크는 노인 100명 중에 1명 정도가 빈곤 상태이고, 네덜란드는 3명 정도인데, 우리나라는 44명이라는 얘기지요. 이건 분명한 사회 문제인 것입니다.

노인 자살뿐만 아니라 청년 자살 비율 역시 압도적으로 높습니다. 지표를 보면 우리의 청년 자살률은 세계 평균의 서너 배입니다. 10대에서 30대 사이 한국 청년들의 사망 원인 1위가 자살입니다. 청년 자살률이 왜 높은지는 누구나 추측할 수 있겠지요. 바로 살인적인 경쟁 때문입니다. 경쟁으로 인한 과도한 스트레스가 정신적 질환을 일으키고, 이것이 청년 자살로 이어지는 것입니다. 최근 통계에 따르면 청소년 3명 중 1명이 자살 충동에 시달리고 있다고 합니다. 이것이 우리의 현실입니다. 한마디로 우리는 모두가 살기 너무 힘든 사회, 너무도 고통이 큰 사회에서 살고 있는 것이지요.

자살의 원인을 자세히 들여다보면 실존적 고민이나 철학적 번뇌 때문에 자살을 택한 경우는 매우 드뭅니다. 이를 테면 『젊은 베르테르의 슬픔』의 주인공 베르테르처럼 실연의 아픔 때문에 자살을 한다거나, 키에르케고르의 『죽음에 이르는 병』을 읽고서 삶의 허무를 자각하고 자살을 하는 경우가 얼마나 되겠습니까.

대부분의 자살은 이 사회에서 살아갈 수 없어서, 생존의 벼랑 끝으로 내몰려서 뛰어내린 경우들입니다. 엄격히 말하면 이것은 자살이 아닙니다. 저는 이를 명백한 '사회적 타살'이라고 생각합니다. 그들이 위기에 처했을 때, 그 위기의 낭떠러지에서 뛰어내렸을 때 그들을 받아줄 사회적 그물망이 존재하지 않았던 것입니다. 사회복지체제가 제대로 구축되지 않은 것이 큰 문제이지요. 바로 이런 무책임한 현실 때문에 15년째 자살률 1위라는 상상할 수 없는 끔찍한 오명을 뒤집어쓴 나라가 된 것입니다.

유례없는 불평등 사회

이제 불평등 문제를 들여다보겠습니다. 대한민국은 엄청난 경제성장을 이루었지만 세계에서 가장 불평등한 나라가 되었습니다. 우리는 여기서 '가장'이라는 말을 주의 깊게 봐야 합니다. 지구상에는 불평등한 나라가 많습니다. '불평등' 하면 어느 나라가 제일 먼저 떠오르시나요? 미국이 떠오를 수도 있고, 멕시코를 생각할 수도 있을 것입니다. 이외에도 예상되는 나라들이 많지만, 여러 지표를 비교해 보면 한국이 얼마나 급속하게 불평등한 사회가 되었는지를 확인할 수 있습니다. 그렇다면 지금 한국의 불평등은 어느 정도일까요?

몇 가지 지표를 살펴보겠습니다. 먼저 자산 불평등입니다. 우리나라 상위 1퍼센트가 전체 자산 중 몇 퍼센트를 가지고 있는지 아십니까? 이들이 차지하고 있는 자산은 약 26퍼센트입니다. 상위 10퍼센트가 66퍼센트를 가지고 있지요. 반면 하위 50퍼센트가 2퍼센트를 가지고 있습니다. 정말 믿어지지 않는 끔찍한 수치입니다. 대한민국 국민의 절반이 전체 자산의 2퍼센트를 가지고 있다니 말입니다.

이런 수치는 우리 사회가 얼마나 엄청난 불평등 상태에 있는지를 극적으로 말해줍니다. 이 지표가 사실이라면 한국인의 절반은 무산자거나 채무 상태에 있다고 할 수 있습니다.

이뿐만이 아닙니다. 한국에서 자산을 이야기할 때 가장 중요한 요인이 부동산인데 이 부동산 불평등은 더 심각합니다. 일본 리츠메이칸 대학 경제학과의 이강국 교수가 쓴 칼럼에 따르면 우리나라 상위 1퍼센트가 가지고 있는 부동산이 면적으로 따지면 전체의 55퍼센트라고 합니다. 또 10퍼센트가 97.6퍼센트를 가지고 있습니다. 나머지 90퍼센트가 2퍼센트 정도의 부동산을 가지고 있는 셈입니다. 이런 수치를 보면 한국의 경제적 불평등은 우리가 생각하는 것보다 훨씬 더 극단적인 수준이라는 것을 알 수 있습니다.

한국의 불평등에 대하여 많은 연구를 한 경제학자 정태인 씨는 우리나라 순자산을 국민소득으로 나눈 토마 피케티(Thomas

Piketty)의 베타 지수를 제시하며 이렇게 불평등한 나라는 '자본주의 역사상' 찾아보기 힘들다고 말합니다. 정말로 이런 이야기가 나올 수밖에 없는 상태가 우리의 현실입니다. 불평등과 세습자본주의 연구로 유명한 경제학자 토마 피케티는 여러 가지 자료를 바탕으로 인류 역사상 가장 불평등한 시대가 『레미제라블』의 배경이 되었던 대혁명 직후의 프랑스 사회라고 했습니다. 그런데 지금의 대한민국이 그때보다 더 심각한 상태라는 겁니다. 초기 자본주의 사회의 악명 높은 불평등보다도 더 참담한 불평등 사회에서 우리가 살고 있다는 얘기지요. 이것이 사실이라면 정말로 놀랍고도 무서운 상황입니다. 우리가 예상하는 것보다 더 심각한 상태로 가고 있음을 여러 지표가 보여주고 있습니다. 지금 대한민국은 과거보다 물질적으로 훨씬 더 풍요로워졌는데 어떻게 이렇게까지 불평등할 수 있을까요?

우울한 아이와 노동 기계 어른

한국인은 전 세계에서 가장 많은 시간 동안 노동하는 사람들입니다. 조금 세게 말을 하자면 한국인은 '노동 기계'라고 해도 과언이 아닙니다. 마치 노동하기 위해서 태어난 인간인 것처럼 일하고 있습니다. 어떤 지표에 의하면 독일과 비교해 한국인이 1년에

1,000시간을 더 일한다고 합니다. 지표에 따라 다소 차이가 있긴 하지만 독일인의 1년 노동 시간이 1,300시간인데 비해 한국인의 노동 시간은 대략 2,000시간에서 2,300시간입니다. 그러니까 한국인들이 독일인보다 1,000시간, 5개월 정도 더 일하는 것으로 볼 수 있습니다.

심지어 어떤 지표는 두 배가 나오기도 하는데 제가 보기에 그런 수치들이 그저 과장된 것만은 아닙니다. 왜냐하면 한국 사람들은 직장에서 일하다가 끝내지 못하면 일거리를 싸들고 집에 가서 일하고, 주말에도 일합니다. 그러니까 사실상 노동하는 기계처럼 되어버린 거지요.

삶의 질과 관련해서 좀 더 살펴보면, 한국인의 실제 삶은 지표에 나타나는 것보다도 훨씬 나쁘다고 할 수 있습니다. 예를 들어 살인적인 경쟁 교육을 생각해 보세요. 그것은 우리 아이들을 세상에서 가장 우울한 아이로 만들었습니다. 우리나라는 아동 우울증도 세계 최고입니다. 어떻게 '우울한 아이'라는 말이 가능할까요? '우울한 아이'라는 표현은 '검은 백마'처럼 일종의 형용모순 아닐까요. 백마가 어떻게 검을 수 있나요? 아이가 어떻게 우울할 수 있지요? 아이들에게는 세상의 모든 곳이 놀이터이고, 보이는 모든 것이 장난감 아닙니까. 세상은 온통 경이로운 호기심의 대상이지요. 어떻게 아이에게 우울할 틈이 있나요. 그러나 한국에선 아이들이 '기적적으로' 우울합니다. 단지 이 나라에서 태어났다는 이유로 너무도 우울한 유년을 보내고 있습니다.

왜 아이들이 우울할까요? 다들 알다시피 너무 어린 시절부터 아이들을 경쟁으로 내몰기 때문입니다. 저는 얼마 전 자살예방 센터에서 일한다는 분으로부터 아홉 살 아이가 자살한 이야기를 들으며 너무도 부끄러워 얼굴을 들 수 없었습니다.

산업재해 사망률도 정말 심각합니다. 이 또한 우리나라가 압도적으로 세계 최고입니다. 1994년부터 2016년까지 23년간 단 두 번을 제외하고 OECD 회원국 중에서 1위지요. 유럽에서 산재 사망률은 몇 년 전까지만 해도 영국이 가장 높았습니다. 문제의 심각성을 깨달은 영국 정부는 산재 사망률을 줄이기 위해 총력을 기울였습니다. 기업에 대한 처벌 수위를 획기적으로 높이면서 산업재해법도 '기업살인법'으로 개명했습니다. 정명한 것이지요. 일터에서 일어나는 사고는 '재해'가 아니라 '살인'입니다. 인간의 생명을 비용 문제로 환치하는 기업가들의 논리는 살인자의 논리와 다르지 않기 때문이지요. 기업살인법 제정 이후 영국의 산재 사망률은 극적으로 떨어져서 현재 유럽에서 가장 낮습니다. 한국은 영국보다 산재 사망률, 정확하게 말하자면 기업 살인율이 20배나 더 높습니다.

김용균 씨의 어머니 김미숙 씨는 아들의 비극을 보면서 "우린 지금 이상한 나라에 살고 있다"고 하셨습니다. 정말로 우리는 '이상한 나라'에서 살고 있습니다. 우리는 눈부신 경제성장을 이루었을 뿐만 아니라 세계가 칭송하는 정치 민주화도 이루었습니다. 그러나 다른 한편으로 보면 요즘 유행하는 말처럼 '헬조선'이 되었습니다. '헬(hell)'이라는 말은 지옥이고, '조선'이라는 말은 시대에 뒤처졌다는 뜻이겠지요. 저는 우리 사회가 시대착오적인 사회가 된 것은 무엇보다도 68혁명이 없었기 때문이라고 생각합니다. 바로 그런 이유로 대략 50년 정도 문화 지체 현상을 보이고 있습니다. 그래서 저는 우리의 현실을 '지옥'이라고 칭한 것 못지않게 '조선'이라고 부른 것도 매우 의미심장하다고 봅니다. 우리의 결함을 정확히 찌른 말이지요. 그럼 우리 사회는 왜 이런 '시대착오적인 지옥'이 되었을까요.

얼마 전에 대학원생들과 한국의 낮은 출산율을 화제로 이야기하다가 깜짝 놀란 적이 있습니다. 함께 이야기를 나눈 다섯 명의 여학생들이 모두 아이를 낳지 않겠다고 말하는 것이었습니다. 다섯 중 한두 명이 그렇게 말했다면 특별한 일이 아니었겠지만 다섯 명 모두가 같은 대답을 한다면, 그것은 분명 사회적 현상입니다. 아이를 낳지 않겠다는 이유를 물어보니 이구동성으로 "이 지옥 속에 내 아이를 집어넣을 자신이 없다"는 것이었습니다. 정말이지 무서운 말입니다. 출산율이 세계 최하위인 이유를 그때 비로소 실감했습니다.

왜 우리의 삶은 이렇게 점점 더 '지옥'으로 변해가는 것일까요? 대체 그 이유가 무엇일까요?

학벌, 새로운 계급의 탄생

우리의 삶이 점점 더 지옥으로 변하는 데에는 당연히 여러 가지 원인이 있습니다. 먼저 공동체의 해체를 얘기할 수 있습니다. 과거에는 다들 어렵게 살았어도 힘든 일이 생기거나 중요한 일이 있으면 서로 도와주고 챙겨주는 공동체가 있었습니다. 이제 그런 공동체는 더 이상 존재하지 않습니다. 사회적 관계가 해체된 것이지요.

이는 OECD 사회관계지수 조사에서 최하위라는 지표를 통해서도 확인됩니다. 우리가 조금 먹고살기 힘들더라도 사회적 관계, 말하자면 '연대의 공동체' 같은 것이 살아 있다면 그 안에서 어려움을 함께 넘어설 수 있습니다. 그러나 그런 관계는 깨어진 지 오래입니다. 이것도 우리 사회가 속수무책으로 헬조선이 되어버린 중요한 요인 중 하나겠지요.

한국 사회가 일종의 세습 자본주의로 굳어져 가는 것도 큰 문제입니다. 과거에는 기득권층이 돈과 권력을 독점했지만, 지금은 돈과 권력은 물론 '기회'까지도 다 독점하고 있습니다. 그야말로 승자독식 사회가 된 것이지요. 강도가 점점 더 세지고 있는 학벌 계급화 현상도 심각합니다. 청년들, 그러니까 젊은 세대의 좌절은 대부분 이런 학벌 사회가 만들어낸 것입니다.

한국이라는 사회는 세계적으로 유례가 없는 독특한 사회입니다. 한국처럼 기존의 권력 집단이 완전히 사라진 나라는 찾아보기 어렵습니다. 일반적으로 기존의 지배계급을 정치학에서는 '이스태블리시먼트(establishment)'라는 개념으로 설명하지요. 우리나라는 일제강점기를 거치면서 조선시대의 이스태블리시먼트가 대부분 몰락합니다. 일반적으로 지배계급은 정치권력으로서는 몰락하더라도 문화권력으로서는 상당 기간 살아남습니다. '양반은 망해도 삼대는 가는' 것이지요. 바로 문화권력으로서 한 세기를 버틴다는 말입니다. 말하자면 정치적, 경제적으로 몰락했다 해도, 지역 공동체에서는 여전히 지배자 행세를 하는 것입니다.

그런데 한국에서는 이런 문화적 지배가 유지되지 않았습니다. 바로 한국전쟁 때문이지요. 브루스 커밍스(Bruce Cumings)는 한국전쟁이 한국 사회의 계급 해체에 미친 영향을 정확하게 짚고 있습니다. 한국전쟁이 잔존해 있던 이 문화적 지배 질서마저 해체시켰다고 본 것입니다. 전쟁의 난리 통에 사람들이 떠나기도 하고 섞이기도 하면서 한국은 공간적으로 완전히 혼융된 사회가 되었고, 이스태블리시먼트가 완전히 해체된 공동체가 된 것입니다. 여기서 유례없는 평등지향적인 사회가 탄생한 것이지요. 한국이 오늘날 지독한 '학벌 사회'가 된 것은 이 계급 없는 평등의 공간에 학벌이 새로운 계급으로 등장했기 때문입니다.

우리가 얼마나 평등지향적인 사회인지는 일본과 비교해 보면 쉽게 이해할 수 있습니다. 일본은 우리와는 달리 근대 이후 한 번도 지배 질서가 뒤집힌 적이 없는 나라입니다. 그런 점에서 일본 역시 대단히 독특한 나라라고 할 수 있지요. 지금 아베 총리를 비롯한 일본의 권력자들은 위로 두 세대만 거슬러 올라가 보면 대부분 봉건 귀족들의 자제들이라는 것을 알 수 있습니다. 그렇기 때문에 일본에서는 도쿄대를 나왔다는 '수재'가 다시 고향으로 돌아가서 가업을 이어받아 우동집을 하는 것이 전혀 이상할 것이 없는 일입니다.

일본에서는 그것을 '분수(分數)'라고 하지요. '분수를 알아라', '분수를 지킨다'라고 할 때의 그 분수 말입니다. 그러니까 일본은 그 본질에 있어서는 여전히 신분 사회를 유지하고 있는 것입니다. 제 방식으로 표현하면 '봉건 민주주의' 사회인 것이지요.

일본 학자들과 이야기하다 보면 그들이 가장 놀라는 것은 바로 한국 사회의 '평등지향성', '계급 탄력성'입니다. 예를 들어 한국의 대통령을 보세요. 김대중, 노무현, 이명박. 이들의 공통점이 무엇인가요? 바로 상고 출신이라는 점입니다. 세 사람 모두 상고를 졸업했습니다. 김대중 대통령은 목포상고, 노무현 대통령은 부산상고, 이명박 대통령은 동지상고를 졸업했지요. 이것이 뜻하는 바는 무엇일까요? 당시의 상고는 그 지역의 수재들이 가는 학교였습니다. 공부 잘하는 뛰어난 학생들이 상고에 지원했지요. 그러나 뛰어난 부잣집 아이들은 상고에 가지 않았습니다. 그러니까 상고 학생들은 머리는 좋지만 가난한 집안의 자녀들이었습니다. 이처럼 한국은 가난한 집안의 자식도 대통령이 될 수 있는 나라, 즉 최하층이 최상층까지 올라갈 수 있는 나라입니다. 정치적 탄력성이 엄청난 나라인 것이지요. 이는 일본에서는 상상도 할 수 없는 일입니다.

이처럼 한국은 세계에서 유례가 없는 '평등지향 사회'입니다. 이것은 큰 자랑과 긍지로 삼을 만한 우리 사회의 장점입니다. 그러나 다른 한편으론 그 평등의 벌판에 '학벌'이라는 새로운 계급이 세워지고, 살인적인 학벌 경쟁이 생겨난 것입니다. 이런 학벌 계급사회라는 현상은 분명 오늘의 헬조선을 낳은 중요한 요인입니다.

그러나 너무 비관적으로만 볼 필요는 없습니다. 바로 이 학벌 체제만 없앤다면 한국 사회는 세계에서 전례가 없는 아주 이상적인 평등 사회가 될 수 있으니까요. 어쩌면 한국 사회는 식민 지배와 전쟁이라는 역사적 비극을 통해 성숙하고 평등한 사회로 가는 첩경에 들어선 것인지도 모르겠습니다. 이렇게 역사의 행보는 참으로 아이러니한 것이지요.

학벌 사회 해체와 관련하여 한마디 보태겠습니다. 프랑스의 사례는 우리에게 많은 시사점을 줍니다. 68혁명 당시 프랑스에서는 한때 고등학생들이 파리의 거리를 휩쓸었습니다. 그들은 "우리는 공부하는 기계가 아니다"라고 외치며, 프랑스 학벌체제의 정점에 있던 소르본 대학의 해체를 주장했지요. 그 결과 소르본 대학은 실제로 해체되었습니다. 파리 1대학에서 10대학까지 대학체제의 전면적인 재편이 이루어진 것입니다.

여기서 주목해야 할 것은 바로 고등학생들이 학벌체제를 무너뜨렸다는 사실입니다. 자신을 공부 기계로, 학습 노예로 길들이는 체제를 무너뜨리고 스스로를 해방시킨 것입니다.

사실 역사를 돌아보면, 인류의 역사는 해방의 역사였고, 모든 해방은 자기해방이었습니다. 흑인해방은 흑인이 이룬 것이고, 여성해방은 여성이 거둔 것입니다. 당시 프랑스에서는 학생이 자신을 해방시킨 것이지요. 지금 우리의 현실을 보면 어른들이 단합해서 학생들을 노예 상태로 묶어놓고 있는 형국입니다. 저는 학생들이 우리 사회의 '마지막 노예'라고 생각합니다. 유럽과는 달리 아직도 해방되지 않은 노예이지요. 그래서 어린 학생들을 볼 때마다 미안한 마음을 떨칠 수 없습니다. 이제 한국의 청소년들도 자신의 노예 상태에 대해 정치적 자각을 해야 하고, 자신들을 옥죄고 길들이는 학벌 사회에 저항해야 합니다.

2

야수가 활개 치는 사회

여의도가 수상하다

사회적 관계의 해체, 세습 자본주의, 학벌 계급사회 등이 한국 사회를 '지옥'처럼 만들었다고 했는데, 그렇다면 이런 요인들은 왜 생겨난 것일까요? 이러한 현상의 바탕에 있는 더 근본적인 원인은 무엇일까요? 많은 사람들이 지옥이라고 부르는 현 사회의 질서를 만들어낸 바로 그 근원이 어디일까요? 이 지옥의 발원지를 찾는 것은 사실 그다지 어렵지 않습니다.

지금과 같은 끔찍한 사회 질서를 만들어낸 곳은 바로 '여의도'입니다. 여의도에 앉아 있는 국회의원들이 이런 사회 질서를 만든 장본인들이지요. 입법부에 속해 있는 300명가량의 국회의원들이 우리 사회를 운영하는 규칙들을 '법'이라는 이름으로 만들어 왔습니다. 그렇다면 이 국회의원들은 과연 어떤 사람들일까요? 이들은 무엇을 위해 정치를 하고, 어떤 가치를 추구하는 것일까요? 여기서 가장 중요한 사실은 그 300명가량의 국회의원 중에서 290명 정도는 자유시장경제(free market ecocomy)를 지지하는 자들이라는 것입니다. 현재 국회를 구성하고 있는 정당들 중 자유시장경제 체제를 반대하는 정당은 정의당 정도입니다. 다른 정당들은 모두 자유시장경제를 지지하거나, 최소한 반대하지 않고 있습니다.

세계 어느 나라에서도 이런 극단적인 의회 구성은 찾아볼 수 없습니다. 자유시장경제를 지지하는 의원이 우리처럼 98퍼센트에 달하는 나라는 지구상 어디에도 없습니다. 심지어 자유시장경제의 낙원이라는 미국도 이렇게 극단적이지는 않습니다. 한국 사람들은 자유시장경제가 정확히 무엇이고, 그것이 자신들의 삶에 어떤 영향을 미치는지를 정확히 이해하지 못하고 있습니다.

자유시장경제가 무엇이고, 그것을 지지하는 정당의 정치적 영향력이 어느 정도인지를 살피기 위해서 독일의 경우를 예로 들어보겠습니다. 독일에서는 자유민주당(FDP)이 자유시장경제를 지지하는 정당입니다. 유럽에서는 대체로 앞에 '자유'가 붙은 당이 자유시장경제를 지지하는 당입니다. 자유당 혹은 자유민주당이 그렇지요. 이런 정당들은 인간의 자유를 신장시키는 것을 목적으로 한 정당이라기보다는 기업의 자유, 시장의 자유, 자본의 자유를 중시하는 정당입니다.

구체적으로 지난번 독일 연방의회(2013~2017년)의 사례를 살펴보지요. 베를린에 있는 연방의회에는 631명의 의원이 앉아 있었습니다. 우리 여의도보다 훨씬 많지요. 이들 중에서 자유시장경제를 지지하는 의원은 몇 명이나 되었을까요? 충격적이지만 단 한 명도 없었습니다. 자유민주당이 의회 진출에 실패했기 때문이지요. 독일은 정당 지지율이 5퍼센트를 넘어야 의회에 진출할 수 있는데, 자유민주당이 4.8퍼센트를 얻는 데 그쳐 의회에 들어가지 못했습니다. 저는 당시 한 신문에 「독일 의회에서 퇴출당한 시장자유주의」라는 칼럼을 쓴 적도 있습니다.

그렇다면 연방의회에 앉아 있던 다른 정당들은 어떤 정당이었을까요? 우선 기독교민주당을 들 수 있지요. 현재 독일 총리를 맡고 있는 앙겔라 메르켈이 소속된 정당입니다. 독일의 전통적인 정치 구도에서 가장 보수적인 정당입니다. 기민당이 내세우는 기본적인 정책 기조는 사회적 시장경제(social market economy)입니다. 사회적 시장경제란 시장경제의 활력과 효율성은 활용하되, 시장경제가 몰고 오는 핵심적인 문제, 즉 실업과 불평등은 '사회적'으로 해결해야 한다는 입장입니다. 개인에게 '자유롭게' 내맡겨서는 안 된다는 것이지요.

독일에서는 이와 관련하여 '야수 자본주의(Raubtierkapitalismus)'라는 말을 흔히 사용합니다. 자본주의는 기본적으로 자유롭게 놓아두면 인간을 잡아먹는 야수가 된다는 의미이지요. 특히 이는 1970년대 총리를 지냈던 사민당의 헬무트 슈미트(Helmut Schmidt)가 즐겨 사용했습니다. 그는 '자본주의는 기본적으로 야수의 속성을 가지고 있다. 자본주의가 사회에서 인간을 잡아먹는 것을 막아내는 것이 정치의 책무다'라는 신념을 가지고 있었습니다.

자유시장경제와 사회적 시장경제의 차이는 지난 20세기에 세계적 차원에서 전개된 체제 경쟁을 돌아보면 쉽게 이해할 수 있습니다. 지난 세기가 우리에게 보여준 것은 사회주의 계획경제보다 자본주의 시장경제가 인간의 욕망을 충족시키는 데 더 효율적인 체제라는 사실입니다. 이 점은 역사적으로도 분명하게 판명이 났습니다. 1990년 독일 통일과 그에 이은 동유럽 사회주의의 붕괴는 바로 이러한 역사적 사실을 증명하는 일련의 사건들입니다. 자본주의가 효율성 경쟁에서 승리했다는 사실에 대해서는 이론의 여지가 없습니다.

문제는 이제부터입니다. 자본주의가 효율적인 체제임은 분명한데, 인간을 잡아먹는 야수의 속성을 지녔다는 것입니다. 게다가 때로는 매우 '효율적으로' 잡아먹습니다. 자본주의의 양면성에 대한 이러한 인식이 유럽 국가들이 가지고 있는 일반적인 생각입니다. 그래서 많은 나라들이 시장경제의 '효율성'은 활용하되, '야수성'은 통제해야 한다는 생각을 공유하고 있는 것입니다. 비유하자면 국가가 나서서 야수에게 재갈도 물리고 고삐도 채워 컨트롤을 해야 된다는 것이지요. 사회적 시장경제에 붙은 '사회적(social)'이라는 말은 바로 국가가 그런 역할을 해야 한다는 의미를 내포하고 있습니다. 야수가 인간을 잡아먹지 못하게 해야 한다 —그것이 '사회적'이라는 말이 함축하는 핵심입니다.

기민당이 사회적 시장경제를 정책 기조로 삼아 정책을 펼칠 때 가장 중요시하는 수단은 바로 조세제도입니다. 정부는 주로 조세제도를 통해서 시장경제의 야수성을 통제합니다. 그렇다면 야수 자본주의라고 할 때 '야수'라는 말은 구체적으로 무엇을 의미할까요? 무엇이 인간을 잡아먹는 요인일까요? 바로 실업과 불평등, 이에 따르는 빈곤과 불안이지요. 자본주의는 실업과 불평등을 필연적으로 낳는 체제입니다.

한국이 엄청난 불평등과 실업 문제 때문에 지옥으로 치닫는 것은 자유시장경제의 필연적인 결과이지, 특정 정부의 정책 실패 때문이 아닙니다. 일반적으로 자본주의는 5~8퍼센트의 실업을 내장하고 있는 시스템이라고 보고 있습니다. 다시 말하자면 실업 문제는 자본주의라는 상당히 효율적인 시스템을 활용하기 위한 일종의 비용, 대가라고 보아야 한다는 것이죠.

그런데 우리는 실업을 개인의 탓으로 돌립니다. '네가 게을러서', '네가 공부를 안 해서', '네가 못나서', 이런 식으로 개인에게 모든 형태의 책임을 전가합니다. 그것이 바로 자유시장경제의 논리입니다. 그러나 기본적으로 실업 문제는 사회의 문제입니다. 실업 문제는 자본주의라는 시스템을 돌리는 데 들어가는 비용이고, 그렇기 때문에 그 책임은 개인이 아니라 사회에 있다는 것이 사회적 시장경제의 기본철학입니다. 그래서 독일에서는 실업 문제를 기본적으로 정부가 풀어야 할 가장 중요한 문제로 봅니다. 실업자에게 실업수당을 주고, 재교육 프로그램을 돌리고, 이를 통해 재취업에 성공하는 것까지 정부의 책임 영역에 있다는 것이 그들이 공유하는 생각입니다.

하지만 자유시장경제를 지지하는 자들로 국회가 완전히 장악되어 있는 우리 사회는 어떻습니까? 독일에서와 같은 인식과 논리는 찾아볼 수 없습니다. 오로지 자본주의의 효율성과 경쟁력만을 외치지 사회적 정의와 인간적 존엄을 외치는 정치인은 찾아보기 어렵습니다. 그렇기 때문에 많은 독일인들이 한국 사회를 보면 경악을 금치 못하는 것입니다. 어떻게 자유시장경제를 지지하는 자들이 의회의 절대 다수를 차지할 수 있을까, 어떻게 야수 자본주의를 아무런 통제 없이 방치할 수 있을까, 어떻게 개인에게 모든 책임을 전가하고, 그들을 무한 경쟁의 정글로 몰아낼 수 있을까 하고 말입니다.

오스나브뤼크 대학 부총장을 지낸 기외르기 스첼 교수는 서울대와 중앙대에서 교환교수로 있으면서 한국 사회에 대해 깊이 연구한 세계적인 사회학자입니다. 그는 어느 날 진지한 얼굴로 저에게 물었습니다. "아시아에서 가장 높은 정치의식을 가진 한국인들이 어떻게 이런 체제를 용인할 수 있지요?" 그의 물음에 저는 답을 하지 못했습니다. 그것은 저의 물음이기도 하니까요.

대한민국을 집어삼킨 야수 자본주의

이제 독일 의회에 앉아 있는 두 번째 정당을 볼까요. 기독교민주당보다 왼쪽에 있는 사회민주당은 말하자면 '사회(민주)주의적 시장경제(socialistic market economy)'를 주장합니다. 그것은 시장경제의 효율성은 인정하지만, 인간이 존엄한 존재로 살아가는 데 필요한 최소한의 조건이 되는 영역, 즉 교육, 의료, 주거 영역은 기본적으로 시장에 넘겨서는 안 된다는 입장입니다. 이것을 가지고 시장에서 장난쳐서는 안 된다는 거지요. 이런 영역에서는 국가가 공적, 사회적 책임 의식을 가지고 더욱 적극적인 정책을 펼쳐야 한다는 것입니다.

독일이 오늘날 모범적인 복지국가가 된 것은 사민당의 이런 정책 덕분이지요. 교육을 예로 들어볼까요. 독일 대학은 거의 대부분이 국립대학입니다. 학비는 없고 생활비는 국가에서 지급하지요. 그것이 '바푁'입니다. 의료와 주거도 같은 맥락에서 보시면 됩니다.

그에 비해 우리나라는 어떤가요? 자유시장경제의 낙원답게 교육도, 주거도 모두 시장에서 구입해야 할 상품이 되었습니다. 대학의 87퍼센트가 사립대학으로서 세계에서 가장 사립대학 비율이 높은 나라입니다. 다시 말해 가장 기형적인 대학체제를 가진 나라가 바로 대한민국입니다. 주거는 공적 성격은커녕 거대한 투기장으로 변한 지 오래이지요. 그래도 의료만큼은 '의료 지옥' 미국에 비해서는 나은 편입니다.

세 번째 정당은 많은 분들이 잘 알고 있는 녹색당입니다. 녹색당은 생태적 시장경제(ecological market economy)를 주장합니다. 시장경제는 용인하지만 그것이 자연을 파괴하는 것은 절대 용납할 수 없다는 것이 녹색당의 강경한 입장이지요. 녹색당은 근대의 발전 이데올로기는 잘못된 것이며, 그것이 초래하는 자연 파괴는 인류의 종말을 가져올 것이라는 인식 아래, 환경, 생태 문제에 대단히 전투적이고 비타협적인 입장을 보이는 정당입니다. 그런 정당이 지난번 독일 의회에서 10퍼센트 가까이 의원을 보유했습니다. 우리도 녹색당이 있지만 아직은 '항의 정당' 수준에 머물러 있지요.

마지막으로 '좌파당'이 있습니다. 말 그대로 내놓고 좌파 정책을 천명하는 정당입니다. 이들은 시장경제에 대한 사회주의적 대안을 모색한다는 입장입니다.

이렇게 지난 회기 독일 의회에는 네 개의 정당, 즉 기민당, 사민당, 녹색당, 좌파당이 있었습니다. 이들 네 정당의 631명 의원이 의회에 모여 법안을 만들었습니다. 이들이 어떤 법을 만들었겠습니까? 그리고 이들이 만든 법은 자유시장주의자들로 가득 찬 여의도에서 만든 법과 얼마나 다르겠습니까? 이들에 의해 야수 자본주의를 견제하는 법안이 만들어지는 것입니다. 야수 자본주의를 강화하는 법을 만드는 여의도와는 질적으로 다르지요.

요컨대, 한국 사회가 지옥이 된 것은 야수 자본주의, 즉 자유시장경제를 지지하는 자들이 의회를 장악하고 있기 때문이라는 것입니다. 반면 독일 등 유럽에서는 '인간의 얼굴을 한 자본주의'를 지지하는 자들이 의회의 다수를 점하고 있고요. 결국 정치 지형이 바뀌지 않는 한 아무리 정권 교체가 된다고 해도, 한국은 결코 지옥 상태에서 벗어날 수 없습니다.

한국의 정치 지형이 국제적 기준에서 보면 어떠할지를 알고 싶다면 간단한 상상만 해보아도 됩니다. 독일의 앙겔라 메르켈 총리가 한국 대통령 선거에 나온다고 한번 상상해 보는 겁니다. 그러면 어떤 일이 벌어질까요? 메르켈은 독일에서 가장 보수적인 기독교민주당의 총리이지만, 그녀가 기민당의 정강, 정책을 그대로 가지고 한국 선거에 나온다면 틀림없이 '빨갱이' 혹은 '공산주의자'라고 공격당할 것입니다. 기민당은 대학의 학비나 학생들의 생활비는 다 나라에서 지원해야 하며, 의료보험, 주거에 대한 기본적인 책임도 국가가 떠맡아야 한다고 주장하기 때문입니다. 한마디로 독일의 가장 우파 정당이 한국의 가장 좌파 정당보다 더 좌파인 것이 현실입니다. 그 정도로 한국의 정치 지형은 극단적으로 우경화되어 있습니다.

세계적으로 눈을 돌려보아도 우리처럼 과도하게 우편향된 정치 지형을 가진 나라는 찾아보기 어렵습니다. 하지만 한국인들은 대부분 이런 사실을 모르고 있습니다. 한국 정치의 기형성을 모른 채, 우리 정치가 정상적이라고 생각합니다. 왜냐하면 모든 언론이 거짓 언어를 사용하기 때문입니다. 한국은 지금 보수와 진보가 서로 경쟁하는 나라가 아닙니다.

이것은 한국의 기득권이 만들어낸 최악의 거짓말입니다. 사실 해방 이후 한 번도 보수와 진보가 경쟁한 적이 없습니다. 지금 한국의 정치 지형은 '보수'와 '진보'가 경쟁하는 것이 아니라, '수구'와 '보수'가 손을 잡고 권력을 분점해 온 구도입니다. 저는 이것을 '수구-보수 과두지배(oligarchy)'라고 부릅니다.

지난 70년 동안 수구와 보수가 권력을 안정적으로 나누어 가지며 이 나라를 지배해 왔습니다. 정권 교체가 있었지만, 그것은 다만 분점 비율의 변동을 의미할 뿐이었습니다. 예를 들면 4대 6의 분점 비율이, 6대 4로 바뀌거나, 그 반대이거나 한 거지요. 지금은 보수가 6이고 수구가 4를 차지하는 권력 분점 구도입니다. 물론 이전에는 그 반대로 수구가 6, 보수가 4인 구조로 지배했지요.

3

정권 교체만으로는 바꿀 수 없다

'보수 대 진보'라는 거짓말

한국 사회를 이해하기 위해서는 우선 언어의 문제를 성찰해 보아야 합니다. 거짓된 언어가 한국 사회를 올바로 이해하는 데 최대의 장애물이기 때문입니다.

우리가 어떤 현상을 이해하려면 언어라는 수단을 가지고 접근할 수밖에 없습니다. 언어라는 그물로 포획한다고 비유할 수도 있겠지요. 언어가 없으면 우리는 현상을 파악할 수 없고, 현상을 파악하지 못하면 현상을 변화시킬 수 없습니다. 다시 말해 언어는 변화와 개혁, 변혁과 혁명의 가장 중요한 전제입니다.

그런데 모든 언어는 '지배의 언어'입니다. 현실을 지배하는 자가 쓰는 언어를 우리는 따라 쓰고 있는 것입니다. 모든 지배적인 언어는 지배하는 자의 언어입니다. 여기서 근본적인 딜레마가 발생합니다. 현실을 변화시키기 위해서는 언어를 사용해야 하는데, 모든 언어는 지배 언어이기 때문에 그 언어를 사용하면 할수록 오히려 현실의 지배를 더 강화하게 되는 역설이 생겨나는 것입니다.

이런 언어의 딜레마를 가장 예민하게 감지한 사상가는 바로 테오도르 아도르노였습니다. 그의 글은 난해하기로 악명이 높지요. 그의 친구 허버트 마르쿠제는 추모사에서 그 난해성을 언어가 지닌 이 딜레마를 근거로 구제합니다. 지배 언어와 변혁 언어의 모순을 민감하게 인식한 아도르노는 의도적으로 언어에 '상처'를 내서 성찰의 공간을 만들려고 했다는 것입니다. 변화를 꾀하는 자는 언어와 지배의 관계에 대한 성찰이 있어야 하고, 지배 언어의 계급적 성격을 통찰해야 한다는 것입니다.

여기서 길게 언어와 지배의 문제를 언급한 것은 바로 한국 사회를 변화시키기 위해서는 먼저 거짓의 언어를 통찰해야 한다고 생각하기 때문입니다. 요컨대, 현실을 잘못된 언어로 이해하는 자는 현실을 변화시킬 수 없습니다. 한국 사회를 규정하는 가장 대표적인 거짓말은 바로 '한국 정치는 보수와 진보가 경쟁하고 있다'는 말입니다. 이 말의 허위성을 통찰해야 개혁의 대상과 방법에 대한 정확한 인식을 가질 수 있습니다.

지금 한국은 '보수와 진보가 경쟁하는' 사회가 아니라, '수구와 보수가 과두 지배하는' 사회입니다. 우선 지금 '보수'라고 불리는 정치 그룹을 살펴봅시다. 자유한국당(2020년 2월에 신설 합당하여 미래통합당으로 재출범했다)이라는 정당을 중심으로 한 정파가 '보수'를 자처하고 있지만, 이것은 진정한 보수주의자 입장에서는 상당히 불쾌한 이야기일 것입니다. 보수와 너무도 거리가 먼 자들이 보수를 참칭하고 있으니까요. 사실 보수는 정말 중요한 가치입니다. 그리고 한국에도 한때 좋은 보수가 있었습니다. 그 대표적인 인물이 김구 선생이지요. 김구 선생은 민족 독립운동에 평생을 바치셨지만, 보수적 유토피아를 꿈꾼 분이었지, 결코 진보적인 분은 아니었습니다.

그럼 보수란 무엇일까요, 보수주의자는 어떤 가치를 추구할까요? 보수가 추구하는 가장 중요한 가치는 공동체입니다. 개인보다 공동체를 중시하는 것이 보수의 첫 번째 특징입니다. 개인을 공동체보다 더 중시하는 쪽은 자유주의이지요. 그래서 자유주의와 보수주의를 구분할 때의 결정적 기준이 개인을 우선하느냐, 공동체를 우선하느냐 하는 것입니다. 그런데 우리는 공동체를 중시하면 '빨갱이'라고 공격합니다. 정말로 이런 전도가 없습니다.

보수가 공동체를 중시하기 때문에 바로 가장 근원적인 공동체로서 민족을 중요시하는 것입니다. 그래서 보수주의자는 대부분 민족주의자인 거지요. 김구 선생이 바로 대표적인 인물입니다. 그런데 지금의 소위 '보수'라는 자들은 어떻습니까. 민족을 경시하고 외세에 붙어 자신의 이익을 꾀하는 무리입니다.

다음으로 보수가 중요하게 여기는 것은 역사입니다. 전통의 가치를 소중히 여기고 과거에서 배우려는 자세가 보수의 자세이지요. 그런데 우리나라에서 보수를 자처하는 자들은 역사를 두려워합니다. 역사로부터 도망가고, 역사를 왜곡하고 축소합니다. 그런 보수는 없습니다.

또한 보수주의자들은 문화도 중시합니다. 세련된 언어를 쓰려고 노력하고, 품위와 품격을 중요하게 생각합니다. 그런데 지금 한국에서 보수를 자처하는 자들이 쓰고 있는 언어나 보이는 태도를 한번 보십시오. 정말 끔찍합니다.

이처럼 지금 자신을 보수라고 주장하는 사람들은 사실 보수가 아닙니다. 그들은 수구입니다. 수구란 자신의 개인적 이익을 위하여 외세와 손잡고 기회주의적으로 행동하는 무리들입니다. 좋은 보수였던 김구 선생이 돌아가신 후 그 자리를 꿰차고 앉아서 보수를 참칭해 온 것입니다.

소위 '진보'라고 불리는 민주당 계열도 거짓 언어의 축복을 받고 있다는 점에서는 차이가 없습니다. 그들은 스스로 내놓고 진보를 자처하는 일은 드물지만, 보수 언론이 진보라고 불러주면 진보인 척하는 세력입니다. 이들 또한 국제적인 기준으로 보면 '진보'와는 한참 거리가 먼 정파입니다. 지금 문제인 정부가 펼치고 있는 노동정책, 경제정책, 재벌정책, 복지정책 등을 보십시오.

수많은 예를 들 수 있지만, 최근에 벌어진 한 가지 사례만 들어보지요. 2019년 국제노동기구(ILO)의 핵심협약이 쟁점이 된 적이 있지요. ILO 소속 186개국 중에서 154개국이 핵심협약에 가입해 있는 상황인데, 우리나라는 이번에도 핵심협약에 가입하지 않았습니다. 결사의 자유와 단결권에 관련된 협약에 가입하지 않은 채 지금도 공무원과 교사의 기본적인 권리를 제한하고 있는 것입니다. 유럽과 FTA 협정을 맺는 과정에서 이 문제가 걸림돌이 된 것은 참으로 국제적인 망신이라 하지 않을 수 없습니다.

이런 정부를 진보 정부, 좌파 정부라고 부르는 것이 언어 왜곡이 아니고 무엇이겠습니까? 물론 황교안 자유한국당(미래통합당) 대표가 문재인 정부를 좌파 정부라로 부르는 것은 백번 맞는 말입니다. 그의 눈으로 보면 온 세상이 좌파이기 때문입니다. 그보다 더 우파는 존재하기 어렵지요. 오른쪽 끝에 서 있으니까요. 그러나 독일의 보수당 대표인 메르켈의 입장에서 본다면 문재인 정부는 보수 중에서도 한참 보수입니다.

기만적인 기득권 싸움

한국의 복지 수준도 현 정부의 성격을 보여줍니다. 짐작하시 겠지만 한국은 세계에서 가장 낮은 수준의 복지정책을 가진 나라입니다. 이를 잘 보여주는 것이 GDP 대비 정부의 재정지출 비율입니다. 복지국가란 정부가 충분한 재정지출을 통해 자본주의 시장이 초래한 실업과 불평등 문제 등을 효과적으로 해결하는 나라이기에, 재정지출 규모를 보면 그 나라의 복지 수준을 알 수 있는 거지요. 유럽에서는 많은 나라가 대체로 50퍼센트 정도의 재정지출을 보입니다. 2018년 통계를 보면 프랑스가 52퍼센트로 가장 높고, 스웨덴이 49퍼센트, 독일이 46퍼센트 정도입니다. 자유시장경제를 표방하는 대표적인 국가인 미국도 32퍼센트를 썼습니다. 그럼 한국은 어느 정도일까요? 한국의 재정지출 비율은 놀랍게도 고작 25퍼센트로 OECD 국가 중에서 가장 낮습니다.

그러니까 주요국들을 비교해 보면, 한국 정부는 세계에서 가장 작은 정부인 것입니다. 프랑스 정부의 절반도 안 됩니다. 그러니 어떻게 사회복지·사회보장 정책을 제대로 추진하겠습니까? 한국이 부유한 나라가 됐음에도 불구하고 오히려 '헬조선'인 이유는 바로 여기에 있습니다. 진보를 가장하는 문재인 정부라도 세계 최저 수준의 재정지출에 대해 분명한 문제의식을 가져야 하는데 그런 모습을 찾아보기 힘듭니다.

고려대 김우창 명예교수는 한국 사회가 '오만과 모멸의 구조'로 되어 있다고 규정했습니다. 이 살벌한 경쟁 사회에서 살아남은 승자는 턱없이 오만하고, 패자는 너무나 깊은 모멸감을 내면화하고 살아간다는 것이지요. 한국을 대표하는 인문학자의 예리한 관찰입니다. 정말이지 한국은 한 인간이 존엄한 존재로서 자존감을 갖고 살아가기가 너무도 힘든 사회입니다. 정부가 인간으로서 살아갈 수 있는 최소한의 조건인 교육, 주거 등에 있어 너무나 많은 것을 시장에 맡겨두고 나 몰라라 하고 있기 때문이지요. 정부의 이런 무책임한 모습을 세계 최저의 재정지출이 생생하게 증언하는 것입니다.

재정지출 비율이 큰 나라는 당연히 세금이 많은 나라입니다. 한국은 유럽과 비교해 보면 대단히 세금이 낮은 나라입니다. 그런데도 한국인들은 세금에 대해 거부감이 강합니다. 정치인들은 유권자의 눈치를 보느라 감히 증세를 입 밖에도 내지 못합니다. 왜 그럴까요? 자기가 낸 세금에 비해 자신이 받는 혜택을 별로 체감하지 못하기 때문입니다.

세금이 높은 프랑스, 독일, 스웨덴 같은 나라와, 세금이 낮은 미국, 한국 같은 나라 중에서 어느 쪽이 세금에 대한 거부, 즉 조세 저항이 강할까요? 세계에서 조세 저항이 가장 강한 나라는 아이러니하게도 세금이 가장 낮은 미국입니다. 세금이 가장 적은 나라에서 세금을 가장 안 냅니다. 그들은 혜택을 체감하지 못하기에 그 낮은 세금마저 아까워하는 것입니다. 반면 유럽의 대부분의 나라에서는 조세 저항이 거의 없습니다. 시민들이 자신이 낸 세금보다 훨씬 더 많은 것을 나중에 되돌려 받는다는 것을 경험으로 알고 있기 때문입니다. 유럽은 조세 정의가 상당히 잘 구현된 곳이라는 얘기지요.

이제 우리 사회가 보수와 진보로 나뉘어 경쟁하는 사회가 아니라는 것, 그리고 문재인 정부가 그다지 진보 정부가 아니라는 것을 어느 정도 이해하셨을 것입니다. 수구라고 불려야 마땅한 정치 세력이 자칭 보수 행세를 해왔고, 보수 정도의 정치적 지향을 가진 정당이 진보라고 불려온 것입니다.

왜 이런 왜곡 현상이 생긴 것일까요? 이런 현상은 무엇보다도 우리가 분단체제 속에서 살고 있기 때문에 생겨난 것입니다. 한국의 수구는 이 분단체제에 기생하여 70여 년을 연명해 온 세력입니다. 반공주의와 독재가 수구 역사의 핵심적인 특징입니다. 한국의 보수는 진보인 척하면서 개혁보다는 기득권 유지에 골몰해 온 세력입니다. 이 두 세력이 사실상 결탁하여 수구-보수 과두지배 체제를 만들었고, 그것이 지난 70년간 한국 사회를 지배해 온 것입니다.

수구-보수 과두지배 체제를 구성하는 두 세력, 즉 수구와 보수 사이에는 사실 정책상의 차이가 거의 없습니다. 민주당과 자유한국당(미래통합당)의 정책을 비교해 보세요. 경제정책, 재벌정책, 노동정책, 사회정책, 복지정책, 외교정책, 교육정책 등 과연 어디에 두 정당의 근본적인 차이가 존재합니까? 정말로 이들의 차이는 아주 작은 차이에 불과합니다. 지역을 거점으로 한 두 거대 수구-보수 세력이 사실상 권력을 분점하고 있는 모양새입니다.

그래도 굳이 차이를 찾는다면 통일정책 정도가 아닌가 생각합니다. 북한의 김정은을 바라보는 관점에는 차이가 있지요. 그러나 그 밖의 정책에서는 미세한 차이가 있을 뿐 거의 같습니다.

이런 관점에서 보면 이른바 '조국 사태'도 새로운 시각에서 설명할 수 있습니다. 이것은 본질적인 동질성을 가진 두 정치 세력이 이를 은폐하기 위해 대립을 극적으로 과장하는 하나의 거대한 연극입니다. 수구와 보수의 내면 깊은 곳에는 거대한 불안이 자리 잡고 있습니다. 한국의 정치를 양분하여 지배하고 있지만, 이들 사이의 차이는 너무도 허구적이고, 이들의 동질성은 너무도 실체적이기 때문입니다. 바로 그렇기 때문에 싸움의 양상은 더 거칠고 과격해지는 것입니다.

이들의 대립이 연극에 불과하다는 것은 금방 알아차릴 수 있습니다. 이들이 정말로 중요한 싸움은 하지 않기 때문입니다. 재벌개혁을 어떻게 할 것인가, 노동자들을 '기업 살인'으로부터 어떻게 보호할 것인가, 세계 최고의 불평등을 어떻게 해소할 것인가, 세계 최고의 자살률을 어떻게 잡을 것인가, 어떻게 정의로운 과세를 실현할 것인가, 어떻게 아이들을 이 살인적인 경쟁에서 해방시킬 것인가, 어떻게 이 학벌 계급사회를 혁파할 것인가? 모든 국민을 고통스럽게 하는 이런 중요한 문제들을 두고 이들은 싸우지 않습니다. 두 정파 모두 현행 질서의 기득권이기에 현재의 상황에 두 정파 모두 만족하고 있기 때문입니다.

한국은 전 세계에서 유례가 없는, 극단적으로 우경화된 정치 지형을 가진 나라입니다. 지난 70년 동안 한국 정치는 보수와 진보가 경쟁을 한 것이 아니라, 수구와 보수가 권력을 분점해 왔습니다. 이것이 한국 사회가 오늘날 정치 민주화와 경제성장, 정권 교체에도 불구하고 '헬조선'이 된 근본적인 원인입니다.

수구-보수 과두지배는 어떻게 가능했나

그럼 어떻게 지금까지 이런 수구-보수 과두지배가 가능했을까요? 이러한 과두 체제는 무엇보다도 잘못된 선거제도에 기대어 유지되어 왔습니다. 우리나라 선거제도는 승자독식의 단순 소선거구제입니다. 지역구에서 1등 하나만 뽑는 거지요. 이런 전근대적인 선거제도를 가진 나라는 많지 않습니다. 민의를 왜곡하는 것으로 악명 높은 선거제도이기 때문입니다. 지금 한국의 선거제도는 국민의 의사를 제대로 반영하지 못합니다. 저는 이것을 '4분의 1 대의제'라고 부릅니다. 즉 국민의 4분의 1밖에 대의하지 못한다는 거지요.

왜 그럴까요. 한번 생각해 보세요. 우리나라에서는 대체로 40퍼센트를 득표하면 지역구에서 당선됩니다. 그런데 국회의원 선거의 투표율이 대체로 60퍼센트 미만이기 때문에 당선자들이 실제로 받는 표는 전체 유권자의 25퍼센트, 즉 4분의 1밖에 되지 않습니다. 나머지 4분의 3의 의사는 어디에서도 대의되지 않습니다. 25퍼센트가 100퍼센트를 대표하는 거지요. 거기서 여의도 정치와 민의의 괴리, 국회 정치와 거리 정치의 이반, 표심과 민심의 차이가 생겨나는 것입니다. 대의제도 자체가 왜곡되는 것이지요. 이런 잘못된 선거제도가 한국의 정치 지형을 왜곡시키고, 승자독식의 정치 문화를 조장하고, 수구-보수 과두지배 체제를 유지시켜 온 근본 원인인 것입니다.

한국 사회를 변화시키기 위해서는 지금의 기득권 세력을 대체할 새로운 정치 세력이 등장해야 합니다. 무엇보다도 불평등 문제를 해결하고 사회적 정의를 구현할 정당이 의회에서 영향력을 가져야 하는데, 지금은 너무 힘이 없습니다. 또한 우리의 일상에 위협으로 다가온 생태 문제를 집중적으로 제기할 정당이 시급히 필요한 상황이지만 지금의 선거법으로는 의회에 진출하는 것 자체가 불가능합니다.

그러나 선거법을 개정한다면 상황은 바뀔 수 있습니다. 독일처럼 연동형 비례대표제를 채택한다면 정의당, 녹색당 같은 정당이 의회에서 힘을 발휘할 수 있습니다. 단언컨대 독일의 선거제도처럼 내가 던진 표가 사표가 되지 않고 그대로 의석으로 반영되는 정상적인 선거제도가 실현된다면, 정의당은 아마도 최소한 20퍼센트, 녹색당은 5퍼센트 정도의 의석을 확보할 것입니다. 지금 우리는 기득권 세력에게 유리한 잘못된 선거제도 때문에, 가장 시급한 사회적 의제들이 정치적으로 해결될 가망이 전혀 없는 정체된 사회로 굳어져 가고 있습니다.

이처럼 선거법 개정은 단순한 '형식'의 문제가 아닙니다. 어떤 선거제도를 선택하느냐 하는 것은 바로 어떤 정치 지형을 선택하느냐 하는 문제와 직결됩니다.

그런 의미에서 2019년 선거법 개정 협상은 한국 정치를 질적으로 변혁할 수 있는 천재일우의 기회였습니다. 그러나 사실상 결정권을 쥐고 있던 민주당이 보인 당리당략적이고 기회주의적인 행태로 인해 의미 있는 개정을 이루지 못했습니다. 그저 셈법만 약간 바꾼 정도에 그쳤습니다. 민주당은 기존의 선거제도를 사실상 고수함으로써 한국 사회의 민주적 개혁을 바라는 모든 사람들의 기대를 저버렸습니다. 그럼으로써 그들은 수구-보수 과두지배 체제의 특권적 지위를 계속 누리겠다는 속셈을 노골적으로 표명한 것입니다. 민주당은 역사적 시효가 끝난 수구 세력을 정치 무대에서 퇴장시키고 유능한 진보 세력에게 활동 공간을 열어주는 대신, 수구와 손잡고 낡은 정치 질서를 고수하겠다는 퇴행적인 의지를 분명히 드러낸 것입니다.

이것이 이번 선거법 개정의 본질입니다. 민주주의 발전에 역행하는 민주당의 이런 기회주의적 행태는 반드시 역사적 심판을 받을 것입니다.

이러한 우편향된 지형에서 수구와 보수가 선거법을 매개로 과두 지배하는 것이 한국의 정치 현실입니다. 한국이 수차례의 민주 혁명에도 불구하고, 두 차례의 정권 교체에도 불구하고, 오히려 더욱더 지옥이 되어가는 이유는 이러한 '구조적'인 결함에 있습니다. 민주화가 되어도, 정권 교체가 이루어져도 이 나라는 변하지 않는구나, 이 점을 이제는 국민들이 깨닫기 시작했습니다.

물론 1990년대 말까지는 많은 사람들이 정권 교체가 되지 않아서 사회가 변하지 않는다고 생각했지요. 그러다가 김대중 정부로 최초의 정권 교체가 이루어졌을 때에는 IMF 외환위기 때문에 정권 교체에도 불구하고 변화가 어려웠다고 자위했습니다. 이후 노무현 정부 때는 아직 민주 세력이 미숙해서 사회 개혁이 미진했다고 보았지요. 이번에 다시 정권이 교체되면서 문재인 정부가 들어섰습니다. 그런데 상황이 나아졌나요? 불평등, 실업, 비정규직, 재벌개혁, 교육개혁 등 여러 가지 정치적·사회적 문제들이 무엇 하나 제대로 개혁된 것이 있습니까?

이제야 국민들이 깨닫기 시작했습니다. '이건 정권 교체 문제가 아니구나. 한국 사회에 뭔가 구조적인 문제가 있구나'라고 말이지요. 문제는 바로 한국의 정치 구도가 세계에서 가장 보수적인, 극단적으로 우경화된 지형을 가지고 있다는 것입니다. 독일에서는 가장 보수적인 정당인 기민당이 사회적 시장경제를 실행하고 있는 데 반해, 한국에서는 진보라고 불리는 민주당조차 자유시장경제를 신봉하는 상황이 한국이 헬조선으로 빠져드는 이유를 선연하게 설명해 줍니다.

4

미국보다 더 미국적인

'작은 미국', 대한민국

우리의 모습을 좀 더 잘 알기 위해서는 미국으로 눈을 돌려볼 필요가 있습니다. 오늘날 한국은 미국의 복사판이기 때문입니다. 한국의 근대화(modernization)는 결국 서구화(westernization)를 의미했고, 이때 서구화의 내용은 미국화(americanization)를 뜻했습니다. 서구화의 두 갈래 길 중에서 한국은 유럽화가 아닌 미국화를 택할 수밖에 없는 처지에 있었던 거지요. 한국은 전 세계에서 가장 미국화가 심하게 진행된 나라입니다. 어떤 학자는 "한국은 미국보다 더 미국적인 나라"라고 평할 정도이지요. 사실상 한국은 작은 미국입니다.

우선 한국의 거의 모든 제도는 미국식입니다. 대학 제도를 보세요. 엘리트 대학 시스템과 과열된 입시 경쟁에서부터 엄청나게 비싼 학비와 과도한 사립대학체제까지 모두 미국의 제도와 관행을 그대로 따르고 있습니다. 심지어 미국을 능가하는 것도 많습니다. 한국은 사립대학의 비율이 87퍼센트에 달해 미국을 넘어서는 기형적인 고등교육체제를 갖고 있고, 대학의 학비는 1인당 소득 대비로 따져보면 미국보다도 높습니다. 살인적인 입시 경쟁도 미국을 능가하지요.

이러한 특징들은 유럽 대학과는 무척 대비되는 것입니다. 유럽의 대다수 나라에서는 대학이 평준화되어 있고, 대학 입학의 기회는 폭넓게 열려 있으며, 대부분 국립대학이 고등교육의 중심을 이루고 있고, 대학의 학비는 저렴하거나 무료입니다. 우리가 당연하다고 생각하는 모든 것이 사실은 미국식인 것이지요. 유럽은 그에 대한 안티테제라고 할 수 있습니다.

정치 지형도 미국과 빼닮아 있습니다. 미국은 보수양당제라고 하는 아주 '예외적인' 정치 지형을 가진 나라입니다. 민주당과 공화당이 모두 보수정당이고, 진보정당이 존재하지 않는 아주 특이한 나라입니다. 그래서 미국에선 정권 교체가 이루어진다고 해도 사회적 변화가 거의 일어나지 않습니다.

예를 들어보지요. 미국 정치사상 가장 진보적인 대통령이라고 평가받은 이가 바로 버락 오바마였습니다. 그는 민주당 내에서도 가장 진보적인 그룹에 속했지요. 그 오바마가 대통령직에 있었던 8년 동안 심혈을 기울여 시도한 것이 바로 '오바마케어(ACA, 환자보호 및 부담적정보험법)'라고 하는 의료개혁이었습니다.

미국에서는 높은 의료비 때문에 많은 사람들이 아파도 병원 치료를 제대로 받지 못하고 있습니다. 많은 사람이 병원비를 감당하지 못해 치료도 받지 못하고 죽거나, 치료를 받은 후 파산하는 일이 빈번합니다. 오바마 정부는 이를 개선하기 위해 많은 노력을 기울였고, 그 결과가 오바마케어였지요. 그러나 의료개혁에 반대해 온 도널드 트럼프가 대통령이 되면서 오바마케어는 거의 누더기가 되었고, 그 본래의 정신도 사라졌습니다.

이같이 미국은 가장 진보적인 대통령조차 의료개혁 하나 제대로 성공시킬 수 없을 정도로 보수적인 사회입니다. 한국도 크게 다르지 않습니다. 보수양당제의 왜곡된 변형인 수구-보수 과두 지배 체제로 되어 있으니까요.

보수양당제에서는 어느 정당이 집권한다 해도 본질적인 사회적 문제는 해결되지 않습니다. 그러니 경제적 양극화, 사회적 불평등, 고용 불안, 사회적 차별 등의 문제는 풀리지 않고, 사회복지 수준도 개선되기 어렵습니다. 정권이 바뀐다 해도 사회가 변화하지 않기 때문에 국민들 사이에서 정치에 대한 무관심과 혐오의 정서가 퍼져나가는 것입니다. 이것은 정치를 통해 현실을 변화시킬 수 없다는 좌절감과 절망감의 표현입니다. 미국과 한국에서 나타나는 낮은 투표율은 정치의 위기, 민주주의의 위기를 단적으로 보여주는 것입니다.

정치를 통해 사회적 문제를 이성적으로 풀어낼 수 있는 장치가 마비된 사회에서 그 많은 사회적 좌절과 절망은 어디에서 출구를 찾을까요? 이런 절망적인 사회에서 번성하는 것이 바로 종교입니다.

미국의 경우는 이런 현상을 전형적으로 보여줍니다. 정치적 무능과 사회적 비참이 팽배한 현실에서 기독교가 국가를 통합하고 좌절을 위무하는 역할을 하는 거지요. 미국은 사실상 종교 국가에 가깝습니다. 정치와 종교가 매우 밀접하게 얽혀 있습니다.

대통령이 선서를 할 때도 법전 위에다가 손을 얹는 게 아니라 성서 위에 얹는 것은 매우 의미심장한 상징성을 갖습니다. 통치권은 법전이 아니라 성서에서 나온다는 뜻이지요. 그 정도로 기독교는 미국을 움직이는 강력한 힘을 갖고 있습니다. 다시 말하지만 미국에서 기독교가 사회를 통합하는 힘이 없었다면 아마도 그토록 심각한 사회적 갈등이 내뿜는 원심력을 버텨내지 못했을 것입니다.

한국에서 기독교가 엄청난 세력을 얻은 이유도 미국과 다르지 않습니다. 그것은 무엇보다도 사회적 절망과 좌절을 정치적으로 해결할 가능성이 거의 없기 때문에 생겨난 현상입니다. 이성적으로는 현실적 해결책을 찾을 수 없기 때문에 종교에서 신비적 방식으로 출구를 찾는 것이지요.

한국에서 기독교가 놀라울 정도의 성공을 거두고, 기독교 선교사상 유례가 없는 '선교의 기적'을 이룬 것은 한국인이 지닌 '종교적' 심성보다는 한국 사회에 각인된 왜곡된 정치사회적 구조와 관련이 깊습니다. 이처럼 종교의 경우에도 미국과 한국은 유사한 점이 많지요.

미국은 글로벌 스탠더드가 아니다

한국 사회의 미국화에 대해서는 지금은 서울시 교육감이 된 조희연 교수가 많은 연구를 했습니다. 그는 이 현상을 '과잉 미국화'라는 개념으로 접근했습니다. 하지만 저는 그것보다는 '총체적 미국화'라는 개념을 씁니다. 한국의 문제는 '많이' 미국화된 것에 있다기보다는 '전면적으로' 미국화된 것에 있다고 보기 때문입니다.

앞서 제도의 미국화에 대해 몇 가지 사례를 들었지만, 더 심각한 것은 '영혼의 미국화'입니다. 한국인은 세계 어느 나라 사람보다도 미국인에 가깝습니다. 한국인이 가지고 있는 생각, 감정,

감수성, 욕망, 심지어 무의식까지도 거의 미국인의 그것과 차이가 없습니다. 우리의 영혼은 미국인과 너무나 유사하고, 유럽인과 너무나 다릅니다. 한국인의 꿈은 미국인의 꿈과 같으며, 유럽인의 꿈과 다릅니다. 저는 이런 현상을 '영혼의 미국화'라고 부릅니다.

한국이 미국화되었다는 것이 무엇이 문제냐, 미국이야말로 선진국이고 그것을 따르는 것은 당연한 것 아니냐, 라고 반박하는 사람도 많을 것입니다. 그런데 문제는 미국이 우리가 생각하는 것처럼 이른바 '글로벌 스탠더드', 즉 세계적 표준이 아니라는 데 있습니다. 유럽의 지식인과 정치가 사이에서 미국은 대체로 '사회적 지옥'으로 여겨지지요.

미국은 실로 세계적 차원에서 보면 표준적인 국가라기보다는 예외적인 국가입니다. 이와 관련해서는 미국 정치학회와 사회학회 회장을 역임한 미국의 대표적인 주류 정치학자 시모어 마틴 립셋(Seymour Martin Lipset)이 쓴 『미국 예외주의』라는 책을 추천하고 싶습니다. '미국에는 왜 사회주의 정당이 없는가?'라는 부제가 붙어 있는 책이지요.

우리가 알고 있는 수많은 '상식'들이 국제적인 표준에 비추어 보면 맞지 않는 것들이 많습니다. 그것들은 대개 '미국식' 상식인 거지요. 그래서 지금의 한국 사회가 왜 이렇게 '헬조선'이 됐느냐를 살펴볼 때, 우리가 미국과 어떤 관련을 맺고 있는지, 그리고 미국은 도대체 어떤 나라인지에 대한 객관적인 관점을 갖는 것도 매우 중요합니다.

제4장

우리는 함께 웃을 것이다

독일 통일에 대한 오해와 진실

평화가 시급하다

대한민국은 2019년 세계에서 가장 크고 부유한 나라만 들어 갈 수 있다는 이른바 '30-50클럽'에 들어간 일곱 번째 나라가 되었습니다. 이 대단한 나라가 아직도 남의 나라에 군사작전권을 내맡기고 있습니다. 해방 이후 75년, 한국전쟁 발발 70년을 맞는 지금까지도 근대국가의 기본 원리인 민족자결과 국민주권마저 실현하지 못하고 있는 형편입니다. 게다가 우리가 군사작전권을 맡겨놨다고 하는 그 나라의 대통령은 수많은 정신의학자들에 의해 '정신이상자'로 의심받고 있는 상태입니다. 7천8백만 민족의 운명이 정신이 온전하지 않다는 미국 대통령의 손아귀에 놓여 있는 현실은 정말로 비현실적인 상황입니다.

내적인 상황도 기형적이기는 마찬가지입니다. 극단적인 자유 시장경제로 인해 세계에서 가장 불평등한 나라가 되었고, 여기서 살아남기 위해 매일 무한 경쟁을 치러야 합니다. 여기서는 연대도, 교감도 이미 찾아볼 수 없습니다. 승자독식의 싸늘한 논리만이 존재합니다. 이건 사회가 아닙니다. 정글입니다. 한국은 약육강식의 정글 자본주의 사회이고, 시장이 인간을 잡아먹는 야수 자본주의 사회입니다. 어떻게 이런 기형적인 국가가 되었을까요?

이 기형적인 국가, 이 부조리한 사회를 만든 것은 바로 남한과 북한의 냉전체제입니다. 그러므로 이러한 기형적이고 부조리한 상황을 넘어서기 위해서는 냉전체제가 시급히 해소되어야 합니다. 다시 말하면 지금 우리에게 중요한 것은 통일이 아니라 냉전체제 극복이라는 얘기입니다. 냉전체제를 해소하는 것은 통일과 밀접한 관계가 있지만, 그것이 곧 통일을 의미하는 것은 아닙니다.

이런 관점에서 저는 문재인 대통령의 통일관에 대체로 동의합니다. 저는 한 신문 칼럼에서 "문 대통령은 해방 이후 처음으로 '통일을 안 할 수도 있다'라는 말을 명시적으로 표명한 최초의 대통령이다"라고 쓴 적이 있습니다. 정확히 말하자면 문 대통령은 이렇게 표현했지요.

"남한과 북한은 함께 살든 따로 살든 서로 평화롭게 공동 번영하는 관계가 되어야 한다."

대통령의 이 말은 굉장히 중요한 의미를 갖습니다. '함께 살든 따로 살든'이라는 말은 곧 따로 살 수도 있다는 말이고, 이는 통일을 하지 않을 수도 있다는 뜻이지요. 대통령 말의 핵심은 '평화가 통일보다 우선한다'는 것입니다. 저는 그것을 '평화우선론'이라고 개념화했습니다. 문재인 독트린은 평화우선론인 것이지요. 중요한 것은 평화이지 통일이 아니다, 통일은 천천히 해도 된다는 것이 문 대통령의 생각입니다.

맞습니다. 통일은 천천히 하더라도, 분단을 야기한 냉전체제 해소는 시급히 이루어야 합니다. 왜냐하면 냉전체제가 이 나라를 완전히 볼품없는 나라로 만들었기 때문입니다. 냉전체제는 군사 주권을 미국에 양도함으로써 한국의 국가 주권을 훼손했고, 극단적으로 우경화된 정치 지형을 조성하여 정치 구도를 기형화했으며, 재벌 독재의 경제 질서를 만들어 경제 정의를 파괴했고, 권위주의적 성격을 심어 한국인의 성격 구조를 왜곡했습니다.

이러한 기형성을 치유하기 위해서는 냉전체제와 그로 인한 분단체제를 극복해야 합니다. 지금의 정전체제를 빠른 시일 안에 평화체제로 전환해야 합니다. 당장 통일을 하지 않더라도 서로를 적대하지 말아야 하며, 교류도 활성화해야 합니다. 그렇게 평화로운 가운데 교류가 지속되다 보면 자연스럽게 통일의 분위기가 무르익을 것입니다.

통일은 천천히 해도 된다고 했지만, 만약 통일을 이룬다면 그 방식은 대체적으로 세 가지 정도를 생각할 수 있습니다. 첫 번째는 소위 '양국 체제론'입니다. 각각 두 개의 서로 다른 나라로 인정하는 것이지요. 독일과 오스트리아를 생각하면 쉽습니다. 독일과 오스트리아는 같은 게르만 민족이지만 서로 전혀 다른 국가이지요. 상호 대사관도 두고 있고요. 완전히 서로 '외국'인 것이지요. 이것을 양국 체제라고 합니다.

두 번째는 국가연합제(Konfederation)입니다. 동서독 간의 관계를 생각하면 됩니다. 이를 보통 '1민족 2국가론'이라고 합니다. 독일어로는 '독일 내 관계(innerdeutsche Beziehungen)'라고 합니다. 간단히 말하면 '우리는 서로를 국가로서 인정한다. 그러나 우리는 서로 외국은 아니다'라는 입장입니다. 독립된 국가로서 서로를 인정하지만 상호 외국은 아닌, 독일만의 특수한 '내부 관계'라는 것입니다. 그래서 동서독은 공식적인 외교 관계를 맺지 않았고, 대사관을 두는 대신 상주 대표부를 두고 교류했던 거지요.

세 번째는 '연방제(Federation)'입니다. 통일에 가장 가까운 형태라고 할 수 있지요. 사실상 하나의 국가가 되는 것입니다.

이런 다양한 통일의 방식들 중에서 '최선의 방법은 이것이다'라고 이야기하기는 어렵습니다. 통일 방식은 상황에 맞게 유연하게 적용해야 합니다. 남북 관계가 어느 수준까지 가느냐에 따라서 그에 맞는 방식을 따르는 것이 좋겠지요. 천천히 신중하게 가야 됩니다. 그러나 평화체제 구축과 냉전체제의 해소는 시급하게 이루어져야 합니다. 냉전체제를 해체하지 않으면, 이 나라가 기형화되고, 우리 사회가 기형화되고, 내가 기형화되는 이 상황을 끝낼 수 없기 때문입니다.

사람들은 통일을 이야기할 때 주로 경제적인 요인에 대해 많이 언급합니다. 통일을 했을 때 우리가 얻게 되는 여러 가지 부가가치에 대해 관심이 많지요. 물론 이 점은 매우 중요합니다. 통일 이후에 발생하게 될 통일의 효과, 특히 경제적 효과는 중요하지요. 그러나 저는 그것보다 지금 우리가 처해 있는 기형 상태를 극복하기 위해서 통일이 중요하다는 점을 다시 한 번 강조하고 싶습니다.

분단은 저 판문점에 있는 것이 아니라, 어쩌면 우리의 마음속에 있습니다. 분단이 내 속에 들어와서 나를 기형화시켰습니다. 제가 지금 이런 이야기를 하는 이 순간에도 제 속에 있는 '분단'이 끊임없이 저를 옥죄고 있습니다. 이런 말을 해도 될까, 내 말이 문제가 되는 것은 아닐까? 끊임없이 자기 검열을 하고 있습니다. 사실은 검열보다 더 무서운 것이 자기 검열입니다. 저는 착취보다 더 무서운 것이 자기착취라고 앞서 말했습니다. 검열도 마찬가지입니다. 독재 시대의 물리적, 외적 검열은 사라졌지만, 자기 검열의 측면에서 본다면 검열은 여전히 남아 있거나, 혹은 오히려 더 강력해졌다고 할 수도 있습니다. 지금 이렇게 여러 가지를 이야기하는 중에도 저는 끊임없이 검열을 하고 있는 또 다른 '나'를 보고 있습니다. 그것이 분단이 내 안에 남긴 괴물인 것입니다.

요컨대, 통일 문제를 너무 외적인 문제로만, 정치적이고 경제적인 문제로만 보면 안 된다는 것입니다. 자각하지 못하고 있지만 우리는 분단국가의 국민으로 살면서 우리도 모르게 우리 내부에 분단이 할퀸 많은 상처를 안고 있습니다. 느끼지 못하는 사이에도 끊임없이 검열하고, 부단히 흑백논리로 사유하고, 늘 적을 물리쳐야 한다는 강박에 휩싸여 있습니다. 마치 전쟁터와 같은 이 악다구니 속의 삶을 너무나 당연시하고 있습니다.

그런 것들이 한국인의 안온한 평화를 어지럽히는 요인들입니다. 통일은 그저 먼 미래의 이야기가 아닙니다. 우리가 정상적인 인간이 되기 위해서는 우선 평화체제를 빨리 정착시켜야 합니다. 휴전선에 남북의 군인들이 서로 대치하는 것이 아니라, 북한 경찰과 남한 경찰이 서 있는 시대가 와야지요. 정상적인 국경처럼 말입니다. 그것이 평화지요.

동에서 온 독일 통일

이제 독일 통일에 대해 이야기해 보지요. 우리 한국 사람들은 독일의 통일에 관심도 많고 또 많은 이야기를 하지만 사실은 잘 못 알고 있는 것이 많습니다. 한국 사람들은 독일 통일 얘기만 나와도 벌써 눈가가 촉촉해집니다. 감정이 움직이는 것이죠. 그리고 또 그들을 부러워합니다. 그러나 좀 더 자세히 들어가 보면 독일 통일에 대해 오해하고 있는 점이 적지 않습니다.

독일 통일에 대해 많은 부분이 잘못 알려져 있는데, 그 첫 번째가 '흡수 통일'이라는 말입니다. 우리나라에서는 가장 흔하게 쓰는 말인데 정작 독일에서는 이 말을 쓰는 사람이 없습니다. 독일에서 통일을 이야기할 때 쓰는 말은 '통일(Einheit, Vereinigung)', '재통일(Wiedervereinigung)', 혹은 '병합(Anschluss)' 등입니다만, '흡수'라는 말은 없습니다. 그런데 우리는 독일 통일 하면 자동으로 흡수 통일을 떠올립니다.

사실 이 흡수 통일이라는 용어가 독일 통일에 대한 우리의 기본적인 상(像)을 왜곡시켰습니다. 이 말 자체가 이미 서독이 주체가 되어 통일을 이루었다는 인상을 강하게 주고 있기 때문입니다. 하지만 독일 통일의 주체는 서독 사람들이 아니라, 동독 사람들입니다. 용감한 동독의 시민들이 독재 정권을 무너뜨리고 독일 통일을 이뤄낸 것입니다. 독일 통일은 1989년 10월 9일 동독 라이프치히에서 있었던 담대한 '동독 혁명'의 결과입니다.

1985년 미하일 고르바초프(Mikhail Gorbachёv)가 소련 공산당의 서기장에 취임하면서 페레스트로이카(Perestroika)와 글라스노스트(Glasnost)라고 하는 새로운 개혁·개방 정책을 펼칩니다. 고르바초프는 페레스트로이카로 공산당의 민주적 개혁을 추진하고, 글라스노스트로 서방과의 외교적 교류를 활성화하고자 한 것입니다. 고르바초프의 등장과 함께 동유럽의 대부분 국가들에서 점차 고르바초프주의자들이 권력을 장악하게 됩니다. 폴란드, 체코슬로바키아, 헝가리 등 동유럽의 주요 국가들이 개혁 공산주의자들의 손에 넘어갑니다.

그런 상황에서 마침내 45년 동안 냉전체제를 지탱해 온 이른바 '철의 장막'에 구멍이 나기 시작합니다. 헝가리가 오스트리아와의 국경을 개방한 것입니다. 동구 사회주의 국가와 서구 자본주의 국가를 갈라놓은 장막이 터진 것이지요. 이 국경 개방이 동독 혁명의 결정적인 계기가 됩니다.

헝가리와 오스트리아의 국경이 개방되자 당시 부다페스트로 여행을 떠난 동독의 젊은이들 중 일부가 오스트리아로 넘어가고, 다시 오스트리아 국경을 통해서 서독으로 넘어갈 수 있게 되었습니다. 일종의 탈출로가 생겨난 것입니다. "어? 국경이 터졌네?" 하면서 동독 사람들이 오스트리아를 경유하여 서독으로 넘어가기 시작했습니다. 특히 1989년 7월부터 9월 사이에 많은 젊은이들이 서독으로 갔습니다. 그러면서 9월부터 동독 내부에서 수많은 시민운동 단체들이 결성되었고, 민주화와 여행 자유화를 요구하는 거대한 저항 운동이 시작됩니다. 현재 독일의 총리인 앙겔라 메르켈도 이때 '민주주의 개벽(Demokratischer Aufbruch)'이라는 시민단체에 참여하면서 정치 무대에 등장합니다.

많은 동독 사람들이 서독으로 넘어가자 동독 정부는 당황했고, 헝가리 정부에 국경 봉쇄를 요구했습니다. "너희들이 국경을 터놓는 바람에 우리 국민들이 서독으로 넘어갔다. 이 상황을 막아달라"라고 여러 차례 항의를 했고, 난처해진 헝가리가 얼마 후에 국경을 다시 폐쇄해 버렸습니다. 서방 세계로 넘어갈 수 있는 길이 차단된 것입니다. 하지만 한번 터진 물꼬는 막을 수 없었습니다. 국경이 막히자 동독 사람들은 폴란드나 체코, 헝가리에 있는 서독 대사관으로 몰려들기 시작했습니다.

동독 사람들이 자꾸 서독으로 넘어가는 이유는 무엇보다도 여행에 대한 자유를 구속하는 것에 대한 불만이 컸기 때문이었습니다. 이런 상황이었기에 동독 내에서는 점차 민주화 운동이 빠르게 확산되기 시작했습니다. 그 당시에 동독 사람들이 거리에 쏟아져 나와서 외친 구호는 '우리가 인민이다(Wir sind das Volk)'였습니다. 구호가 오로지 그것 하나뿐이었어요. 학창 시절 오랫동안 시위에 단련된 제 입장에서 보면 참 답답한 모습이었지요. 그러다가 서서히 시위가 격렬한 양상을 띠게 되었는데, 그

전환점은 10월 7일 동독 건국 40주년 기념일이었습니다.

그날 소련의 고르바초프도 당연히 동베를린에 왔습니다. 당시 동독 공산당의 서기장은 에리히 호네커(Erich Honecker)였습니다. 그는 고르바초프의 개혁 정책에 반대하는 완고한 스탈린주의자였습니다. 고르바초프는 페레스트로이카와 글라스노스트에 소극적인 호네커를 못마땅하게 생각했지만, 동독 건국 40주년이라는 역사적인 행사에 참여하지 않을 수 없었기에 어쩔 수 없이 방문한 터였습니다. 그러니 두 사람 사이에 싸늘한 긴장감이 감돌았지요. 그것은 당시의 기록 필름을 보면 금방 눈치챌 수 있습니다.

아무튼 고르바초프가 기념식에 참석한 것을 계기로 시위대의 구호가 바뀌기 시작합니다. 시위대가 고르바초프를 쫓아가면서 처음으로 새로운 구호, '고르비(Gorbi)'를 외치기 시작한 것입니다. '고르비'란 바로 고르바초프의 애칭입니다. 이 모습을 보고 저는 정말 깜짝 놀랐습니다. 동독의 민주화를 외치는 시민들이 어떻게 소련공산당 서기장의 이름을 구호로 외칠 수 있단 말인가.

동유럽의 역사를 아는 사람이라면 누구나 이 상황에서 역사의 역설을 느꼈을 것입니다. 돌아보면 2차 세계대전 이후 동유럽의 역사는 민주화를 요구하는 민중들을 소련이 탱크로 짓밟아 온 역사였습니다. 동독의 베를린에서 폴란드의 바르샤바, 헝가리의 부다페스트를 거쳐 체코슬로바키아의 프라하 봉기에 이르기까지 소련은 늘 동유럽의 민주화 요구를 유린한 압제자였습니다. 그런데 이제 동독의 민주화를 요구하는 자들이 민주화의 상징으로서 소련공산당 서기장의 이름을 외치고 있는 것입니다. 역사의 행보는 때론 이렇게 신비로운 것입니다.

동독의 시위대는 심지어 고르바초프가 묵고 있는 호텔 앞까지 따라가서 그의 이름을 불러댔습니다. 그들의 외침에는 "동독 공산당도 이제 민주적 개혁을 해야 하는데 스탈린주의자가 앉아 있다. 우리 편을 들어달라"라는 뜻이 들어 있었지요. 이때 고르바초프가 유명한 말을 던졌습니다. "늦게 오는 자는 삶이 벌한다(Wer zu spat kommt, den bestraft das Leben)." 뉘앙스가 매우 풍부한 말이긴 하지만, '지금 개혁을 하지 않는 자는 벌을 받을 것'이라는 메시지만은 분명했지요. 이 말에 고르바초프가 자신들의 편임을 확신한 동독 시위대는 더욱 큰 힘을 얻게 되었습니다.

다음 날인 10월 8일 호네커는 마침내 강경한 조치를 내립니다. 10월 9일로 예정된 라이프치히 '월요 데모'를 강경 진압하겠다고 공표한 것입니다. 그는 시위대를 향해 "내일 라이프치히 시위가 예정대로 진행된다면 중국 방식으로 대응하겠다"고 위협했습니다. 그가 말한 '중국 방식'이란 무력 진압을 뜻하는 것입니다. 같은 해 6월 천안문 광장에서 벌어진 대규모 시위에 중국 정부는 탱크를 동원하여 무력 진압을 자행했던 것입니다. 중국 현대사에서는 매우 불행한 사건이지요. 그 후 중국 민주화는 더욱 요원해졌으니까요. 아무튼 호네커는 바로 그 '천안문 사태'를 빗대어서 라이프치히 시위를 무력 진압하겠다고 위협한 것입니다.

10월 9일이 되자 전 세계의 이목이 라이프치히에 집중됐습니다. 그 당시 라이프치히는 인구가 약 15만 명이었고 시위가 열리면 통상 3만 명 정도가 참여했는데, 이날은 놀랍게도 약 8만 명이 거리로 쏟아져 나왔습니다. 발포를 하겠다는 말에도 불구하고 어린아이와 노약자를 제외한 거의 모든 시민들이 목숨을 걸고 시위에 참여한 것입니다. 너무나 많은 군중들이 몰려나오자 결국 호네커는 무력 진압을 포기했고, 며칠 후 서기장 자리에서 물러났습니다.

이런 것을 무엇이라고 불러야 하나요? 이것이 바로 혁명이지요. 20년 동안 동독 사회를 전제적으로 지배해 왔던 독재자를 시민들이 민주적인 시위를 통해서 몰아낸 것입니다. 역사가들은 이 역사적 사건을 유혈 충돌 없이 성공했기 때문에 '평화 혁명'이라 부르고, '동독 혁명' 또는 '가을 혁명'이라고도 부릅니다. 무엇보다도 동독 혁명은 독일 역사상 최초로 성공한 혁명이라는 의미를 지니고 있습니다. 성공한 혁명의 역사를 자랑하는 프랑스와는 달리 독일은 한 번도 혁명에 성공한 사례가 없는 나라이기 때문입니다.

동독 혁명으로 인해 독일 통일은 혁명의 주역인 동독 주민들의 손에 달린 문제가 되었습니다. 통일의 다음 단계들은 그야말로 일사천리로 이루어졌다고 봐도 무방합니다. 이제 동독 사회의 민주화는 당연한 과정으로 여겨졌고, 혁명이 성공한 지 정확히 한 달 후인 11월 9일에 마침내 베를린 장벽이 무너진 것입니다.

베를린 장벽이 무너지고

베를린 장벽이 무너진 것은 사실 큰 역사적 의미가 있는 것은 아닙니다. 이미 동독 혁명으로 인해 동독 내에서 권력이 교체되었기 때문입니다.

11월 9일에 베를린 장벽이 개방된 일은 일종의 해프닝이었습니다. 당시 베를린 공산당의 서기장인 귄터 샤보브스키(Günter Schabowski)는 동독 공산당인 사회주의통일당(SED)의 대변인도 맡고 있었습니다. 그는 그 무렵 동독 정부의 방침에 대해 기자회견을 통해 거의 매일 브리핑을 했고, 그때마다 서독을 비롯한 많은 나라의 언론에서 이를 생중계했습니다. 그의 브리핑은 그야말로 세계적 대전환의 소용돌이를 보여주는 현장이었기 때문에 전 세계 언론의 주목을 받았지요. 저 역시 매일 오후 2시가 되면 항상 텔레비전 앞에서 생중계를 지켜보았습니다.

그런데 그날 브리핑을 위해 등장한 샤보브스키의 모습이 좀 이상했습니다. 왠지 술 취한 듯한 모습으로 허둥지둥 쪽지를 찾아 읽는데 그 내용은 지금부터 베를린의 국경을 트고 여행을 허가하겠다는 것이었습니다. 정부 대변인이 갑자기 그런 내용을 발표하니 현장의 기자들은 깜짝 놀랐지요. 아무래도 이상했는지 브리핑에 참석한 이탈리아 기자가 "언제부터냐"고 발효 시점을 물었습니다. 그랬더니 그는 "내가 아는 바로는 지금 즉시"라고 답했습니다. 좀 이상하지 않나요? '내가 아는 바로는 지금 즉시'라니, 이게 말이 되나요? 이 모습이 생중계되었는데 아무래도 의심쩍있는지 또 누군가가 재차 물었고, 샤보브스키는 또다시 "지체 없이"라고 확인해 주었습니다.

이 광경을 지켜본 동독 사람들은 어리둥절한 가운데 도대체 이게 무슨 일인가 하면서 국경으로 몰려들었습니다. 국경에 있던 경비대원들은 위로부터 아무런 지시도 받은 게 없는 상태였지요. 그런데 시간이 지나면 지날수록 국경으로 몰려드는 사람들의 수가 기하급수적으로 불어났습니다. 백 명이 한 시간 지나니 천 명이 되고, 또 한 시간 지나니 만 명이 되고, 이런 식으로 계속 불어났지요. 결국 그 사람들이 장벽을 허물어뜨린 것입니다. 하나의 해프닝처럼 베를린 장벽이 무너진 것이지요.

이 일로 샤보브스키에게 특별히 문제가 생긴 것 같지는 않습니다. 일설에 의하면 샤보브스키가 새로운 동서독 관계를 창출하기 위해 의도적으로 그런 말을 했다고 전해지기도 합니다. 그가 의도 했든 안 했든 베를린 장벽은 허물어졌고 마침내 동독과 서독의 열린 국경으로 많은 동독 사람들이 서베를린을 찾아갔습니다. 서베를린으로 넘어간 동독인들이 가장 처음으로 한 일이 무엇이었을까요? 그것은 아주 상징적인 행위였습니다. 돈을 받기 위해 서독 은행 앞에 줄을 선 것이었지요. 그들에게 전개될 자본주의 사회에서의 삶을 위한 예행연습이라도 하듯이 말입니다.

서독에서는 환영비라는 명목으로 동독인 1인당 100마르크씩을 지급했습니다. 당시 우리 돈으로 따지면 5만 원 정도의 금액이었는데, 동독인들이 돈 없이 서독에 들어오면 아무것도 하지 못할 것을 예상하고 미리 그런 매뉴얼을 마련해 놓았던 것이지요. 그날 저녁 6시에 본(Bonn)의 연방의회에 모인 국회의원들이 감동에 겨워 독일 국가를 부르던 모습도 눈에 선합니다.

독일 통일 당시의 모습을 그린 영화 중에 〈굿바이 레닌〉이라는 작품이 있는데 독일 통일에 관심 있는 분들에게 강력히 추천합니다. 이 영화는 통일이라는 무거운 주제를 코믹하면서도 감동적으로 그려낸 아주 훌륭한 영화입니다. 개봉 당시에는 그해에 가장 많은 관객을 모으기도 했지요.

영화 속 주인공은 갑자기 베를린 장벽이 열리자 서베를린으로 넘어가 은행에서 100마르크를 받고, 그 돈을 가지고 섹스숍을 방문합니다. 실제 동독인들이 그날 보였던 모습입니다. 그리고 저녁에 바나나를 사 들고 동베를린으로 돌아옵니다. 이것도 실제로 동독 사람들이 대부분 보였던 모습입니다. 그런데 왜 바나나였을까요? 당시 동독에서는 바나나가 귀했습니다. 바나나가 제3세계 사람들의 노동력을 착취하는 상징적인 상품이라고 여겨 수입을 금했기 때문이지요. 그런데 그 귀한 바나나가 서독에는 싼 값에 지천으로 깔려 있으니 누구나 바나나를 한 무더기씩 사 들고 돌아간 것입니다. 이 영화는 당시의 그런 모습들을 생생하게 재현하면서 베를린 장벽의 붕괴와 통일이 몰고 온 동독인의 일상 세계의 변화를 아주 빼어나게 그려냈습니다.

빠른 통일을 원하다

동독의 용감한 시민들이 독재자의 탄압과 협박에도 굴하지 않고 민주주의를 쟁취함으로써 동독 혁명을 완수한 후부터는 독일 통일이 적어도 독일 내부에서는 큰 어려움 없이 진행되었다고 보아도 무방합니다. 다음 해 3월에 동독 역사상 처음으로 민주적인 선거가 치러집니다. 이 인민의회 선거는 어떤 방식의 통일을 할 것인가를 동독 주민들이 직접 선택하는 그야말로 '통일 선거'였습니다. 당시 독일의 집권당이었던 기독교민주당은 빠른 통일을 주장했고, 사회민주당은 점진적인 통일을 약속했습니다.

그에 반해 주로 동독 혁명의 주역들이 만든 '연합 90/녹색당

(Bündnis 90/Die Grünen)'은 통일에 반대하며 동독을 '진정한 사회주의 국가'로 만들겠다는 야심찬 공약을 내걸었습니다. 왜 동독의 재야 세력이 통일에 반대한 것일까요? 동독체제를 비판하고 동독의 독재 정권과 맞서 싸웠던 그 사람들이 원한 것은 단순히 동독의 민주화가 아니었습니다. 그들은 진정한 의미의 '자유의 왕국'을 실현하고 싶어 했습니다. "호네커가 만들어 놓은 동독은 사회주의 사회가 아니다. 그것은 독재국가에 불과하다. 사회주의 국가야말로 완전한 자유가 구현된 '자유의 왕국'이어야 한다. 이제 우리가 저 독재체제를 무너뜨렸으니 진정한 사회주의 국가를 만들어내자." 이것이 그들의 주장이었습니다.

사실 놀라운 이야기입니다. 당시에 동독 정권에 저항했던 사람들 대부분이 이상주의적 사회주의자였습니다. 그들이 원한 것은 인류 역사상 처음으로 '자유의 왕국'으로서의 사회주의를 독일 땅에서 실현하는 것이었습니다.

독일 통일의 방식을 결정짓는 이 선거에서 과연 누가 이겼을까요? 사민당의 승리를 점치던 예상과는 달리 빠른 통일을 주장한 기민당이 압승을 거두었습니다. 동독 주민들은 신속한 통일을 선택했던 것입니다. 이로써 '우리는 한 민족이다(Wir sind ein Volk)'라고 외치는 소리가 제일 큰 정치 세력이 된 것이죠. 그 결과 놀라울 정도로 빠른 통일이 이루어지게 됩니다.

이러한 통일을 선택한 것은 동독 주민들이었고, 서독은 이에

보조를 맞춘 것입니다. 이 일련의 과정 어디에서 우리는 '흡수'라는 현상을 말할 수 있을까요? 그 어디에도 흡수라는 말이 들어갈 만한 과정은 없었습니다. 모든 과정은 동독 주민 스스로가 이룬 것이고, 그들이 스스로 선택한 것입니다.

결과적으로 보면 동독 혁명을 이끈 주역들에게는 참으로 실망스러운 결과였습니다. 그들은 '자유의 왕국'을 소망했지만, '자본의 제국'에 도착한 것입니다. 이런 의미에서 동독 혁명의 발원지인 라이프치히 니콜라이 교회의 '전설적인' 목사 크리스티안 퓌러(Christian Führer)는 독일 통일의 본질을 "이데올로기 독재로부터 자본 독재로의 이행"이라고 규정했습니다. 당시에 '배반당한 혁명'이라는 말이 회자된 것도 같은 맥락입니다. 동독 지식인들은 자유를 원했지만, 동독 민중들은 바나나를 원했던 것입니다. 동독의 이상사회주의자들은 그 후 역사의 뒤안길로 사라져버렸습니다.

그렇다면 동독 사람들이 선거를 통해 선택한 빠른 통일은 어떤 모습으로 진행되었을까요? 사실 정상적인 방법으로는 빠른 통일이란 불가능합니다. 그것은 일종의 편법을 통해서만 가능한 길이었습니다. 원래 독일 통일의 방법은 기본법(Grundgesetz) 146조에 규정되어 있습니다. 통일을 하려면 새로운 헌법을 만들고, 국민투표를 통해서 신헌법을 확정하고, 이에 따라 새로운 통일국가를 세운다고 정해져 있습니다. 사민당이 '점진적인 통일'을 말할 때 내용으로 삼은 것이 바로 이 기본법 146조에 따른 통일이었습니다. 그런데 이 방법으로는 '빠른 통일'을 이룰 수 없습니다. 새 헌법을 만들고, 국민투표를 하는 일련의 과정이 상당한 시간을 요하기 때문이지요. 그래서 당시 헬무트 콜(Helmut Kohl) 총리가 짜낸 방법이 바로 기본법 23조에 따른 통일이었습니다.

3월 18일 동독 인민회의 선거에서 압승한 기민당은 기본법 23조에 따른 연방주 가입을 의결합니다. 기본법 23조는 특정 지역에서 주민들의 자발적인 투표에 의해서 독일의 연방주에 가입을 신청하면 받아들일 수 있다는 규정입니다. 이 규정이 적용된 사례로는 2차 세계대전 직후 연방주에 가입한 자를란트(Saarland) 주의 경우가 있습니다. 이 지역은 프랑스의 알자스로렌(Alsace-Lorraine) 지방과 접해 있는 곳으로서 전쟁이 날 때마다 독일이 이기면 독일 땅이 되었다가 프랑스가 이기면 프랑스 땅이 되었던 접경지역입니다. 그러다 2차 세계대전에서 독일이 패하면서 프랑스의 보호령이 되었지요. 프랑스는 서유럽연합의 지원하에 자를란트 주를 프랑스와 경제적으로 통합된 독립국가로 재편하려 했고, 이를 주민투표에 부쳤습니다. 그러나 독립국이 되는 것에 반대한다는 표가 70퍼센트 가까이 되었지요. 독립하는 대신 독일에 편입되길 원했던 것입니다.

그렇게 자를란트 주는 독일 연방주에 가입되었는데, 그것을 가능하게 한 것이 바로 기본법 23조입니다. 이 같은 사례를 생각해 낸 콜 수상은 이런 편법을 '빠른 통일'의 방법으로 선택합니다. 이로써 독일의 통일은 서독과 동독이 '통일'된 것이 아니라, 동독의 5개 주가 독일 연방에 '가입'함으로써 이루어진 것입니다.

독일 통일은 이처럼 근본적으로 편법에 의해 이루어졌습니다. 많은 학자들도 이러한 방법이 잘못되었음을 지적했습니다. 시간이 걸리더라도 동독과 서독이 동등하게 협의하여 새로운 헌법을 만들고, 국가도 새로 정하고 국기도 새로 제정하여 완전히 새로운 통일 독일을 탄생시켰더라면, 동독 주민들도 독일 통일의 길을 연 동독 혁명의 주역이자 새로운 나라의 주권자로서 당당하게 나설 수 있었을 것입니다. 그러나 동독의 5개 주가 서독의 11개 주에 합병되는 방식으로 통일이 됨으로써 동독인들은 자존감에 커다란 상처를 입었고, 이는 '2등 국민'이라는 자의식을 낳았습니다. 동독인들은 자신들이 선택한 빠른 통일의 방법이 자신들을 통일의 패자로 만들었음을 나중에서야 깨달았습니다.

동독 사람들에게 상처를 남긴 '통일의 날'

독일의 통일은 동독 주민들의 주도에 의해 이루어졌는데 우리는 왜 '흡수 통일'이라는 말을 쓰고 있는 것일까요? 그것은 한국 언론들의 보도에 문제가 있었기 때문입니다. 많은 사람들이 이 과정을 잘 몰랐던 탓도 있지만 무엇보다 '모든 역사는 승자의 것'이라는 인식이 작용한 결과입니다. 뒤집어 말하면 패자의 역사는 잊히는 것입니다. 그렇게 서독인들의 시각에서 통일의 전체 과정이 재해석되다 보니 이런 결과가 나온 것입니다. 해석 전쟁에서 정의 권력(Definitionsmacht)을 가진 쪽은 서독이었습니다. '통일의 날'을 제정한 과정만 보아도 모든 역사 해석이 서독 중심으로 이루어진 것을 알 수 있습니다.

독일의 공식적인 통일의 날은 1990년 10월 3일입니다. 그런데 여기에는 많은 문제가 있습니다. 10월 3일, 이날은 동서독의 외무장관이 통일 조약에 최종적으로 사인을 한 날입니다. 이날을 통일의 날로 정한 것에 동독 사람들은 굉장한 불쾌감을 느끼고 있습니다. 이미 이 시점부터 자기들이 조롱당한다는 느낌을 갖게 되었지요.

동독 사람들은 독일 통일의 주역은 당연히 자신들이라고 생각합니다. 그렇다면 통일 과정에서 가장 결정적인 날은 언제겠습니까? 바로 동독 혁명이 있었던 10월 9일이고, 그래서 동독 사람들은 그날을 통일의 날로 삼아야 한다고 생각합니다. 그런데 단지 두 나라의 외무장관이 책상에 앉아서 형식적인 서명을 한 날을 통일의 날로 정하면서 통일의 의미가 달라지게 된 것입니다. 이는 통일을 서독 중심적인 역사로 보는 것이고, 동독인들이 그 주역이었다는 사실을 뭉개버린 것이었기에 동독인들에게는 큰 상처로 남게 되었습니다.

만일 동독 혁명의 날인 10월 9일을 통일의 날로 지정했다면, 그것은 '동독 주민들에 의해서 새로운 통일국가가 탄생했고, 그들이 통일의 주역이었다는 사실을 인정한다'는 의미를 가졌을 것입니다. 그랬다면 동독 주민들은 통일의 주역으로서 통일 독일 사회에 적극적으로 참여했을 것이고, 높은 자부심을 가졌을 겁니다. 그런데 그들의 희생과 업적을 전혀 인정하지 않은 것입니다.

동독인들이 스스로를 '2등 국민'이라고 부르며 저항적 정체성을 갖게 된 이유는 바로 여기에 있습니다. 통일이 된 지 30년이 지난 지금까지도 동서독 주민들 간의 사회 문화적 갈등이 해소되지 않은 채 남아 있는 현실은 우리에게도 시사하는 바가 큽니다.

2019년에 동독 지역의 작센과 브란덴부르크 주에서는 주 의회 선거가 있었습니다. 그런데 '독일을 위한 대안(AfD)'이라는 극우 정당이 두 곳에서 모두 2위를 차지하며 돌풍을 일으켰습니다. 동독 지역에서 극우 정당이 약진한 이유는 바로 통일 독일에 대한 동독 주민들의 불만이 여전히 팽배해 있었기 때문입니다. 이런 불만을 끊임없이 정치적으로 이용하는 쪽이 극우 정당입니다. 그들은 동독인의 불만을 자극하고 동서독 갈등을 조장합니다.

동독 선거에 즈음하여 진행된 여론조사 결과도 충격적입니다.

'자신을 2등 국민이라고 느낀다'는 동독인이 무려 66퍼센트였습니다. 통일이 된 지 30년이 지났는데도 그 수치가 거의 줄어들지 않고 있는 것입니다. 이는 통일 초기에 동독인들을 충분히 인정하고 배려하지 않은 것에 대한 서운함이 아직까지도 남아 있음을 보여주는 것입니다.

독일 통일은 흡수 통일이라는 한국인의 잘못된 인식은 언제나 역사를 승자의 관점에서 보는 관성에서 나온 오류입니다. 현재 독일에서 벌어지는 새로운 정치 사회적 변화를 올바로 이해하기 위해서도 이러한 오류의 수정이 필요합니다.

통일 비용은 손해가 아니다

우리가 독일 통일에 대해 잘못 알고 있는 두 번째 사항은 독일 통일에 천문학적 비용이 들었다는 주장입니다. 이러한 천문학적 통일비용설 때문에 한국의 젊은 세대 사이에서 통일에 반대하는 분위기가 확산되었다고 하지요. 하지만 이 주장은 상당히 잘못된 것입니다. 독일이 1991년부터 2003년까지 12년 동안 쓴 통일 비용을 보면 사회보장성 지출이 50퍼센트, 그리고 임의 기부금 지출이 23퍼센트입니다. 인프라 구축에 들어간 비용은 12퍼센트밖에 되지 않습니다.

이것은 무엇을 의미할까요? 바로 복지 비용이 가장 큰 비중을 차지했다는 것이지요. 통일 비용의 내역을 들여다보면 70~80퍼센트 정도를 복지 비용으로 사용했음을 알 수 있습니다. 동독 주민들의 삶을 서독의 수준에 맞추어야 했기 때문입니다.

사실 독일은 통일 공간에서 경제적인 문제를 해결하는 과정에서도 실수를 했습니다. 1990년 7월 1일 화폐 통합을 단행하게 되는데 이때 동독 마르크와 서독 마르크를 1대 1로 통합한 것입니다. 이것은 중대한 실책이었습니다. 당시 실질 환율이 9대 1 정도였는데, 이를 무시하고 1대 1로 통합해 버리니 문제가 생길 수밖에 없습니다. 이로 인해 대부분의 동독 기업들이 도산하게 됩니다.

이렇게 무리를 한 데는 여러 가지 이유가 있는데, 특히 복잡다단한 외교적 문제가 중요한 요인이었습니다. 당시 소련과 서독 사이, 또 영국·프랑스와 서독 사이에 매우 복잡미묘한 외교적 갈등 요인들이 산적해 있었고, 특히 소련군 내부에서는 쿠데타 모의설이 파다했습니다. 그 때문에 빨리 통일을 진행하지 않으면 아예 통일을 할 수 없을 것이라는 위기감이 번져가고 있었습니다. 이런 상황에서 서두르다 보니 큰 실수가 나온 것입니다. 이 일로 동독 전체가 거대한 실업 지대가 되어버립니다.

그렇게 많은 실업자들이 생기니 어떻게 하겠습니까? 복지국가 서독은 우리와는 다릅니다. 서독은 실업자들을 국가가 다 먹여

살려야 하는 나라입니다. 대학 학비도 줘야 하고, 대학생 생활비도 지원해야 합니다. 그래서 많은 돈이 들어간 것입니다. 우리 입장에서 보면 천문학적인 비용이 들어간 것으로 보일 수도 있습니다.

우리는 어떨까요? 통일 과정에서 북한 주민들이 실업자가 된다고 한들 국가가 실업수당을 주고 재교육을 시켜줄까요? 그들에게 일자리를 보장해 줄까요? 남한 국민들에게도 하지 않는 지원을 북한 주민에게 하겠습니까. 우리는 독일과는 전혀 다른 사회입니다. 독일에서 통일 비용은 대부분이 복지국가를 유지하기 위한 복지 비용이었습니다. 이런 복지 비용은 한국의 통일 과정에서는 크게 걱정할 일이 아닙니다.

물론 우리도 북한 주민을 위한 복지 비용이 전혀 안 드는 것은 아니겠지요. 그러나 그 규모는 독일에 비하면 매우 적을 겁니다. 그럼에도 불구하고 독일과 한국을 단순 비교하면서 엄청난 통일 비용이 들어갈 것이라고 과장된 허풍을 늘어놓은 쪽은 주로 일본 언론이었다는 사실에 주목해야 합니다. 특히 《교도 통신》은 '천문학적인 통일 비용'이라는 프레임을 만들었고, 이를 집중적으로 주도면밀하게, 또 악의적으로 퍼뜨렸습니다. 국내에서는 《조선일보》가 교도 통신의 기사를 받아 열심히 퍼 날랐고요. 그 때문에 통일 비용 문제가 한국에서 통일 논의의 중심이 되고, 반통일 정서를 확산시켰지요.

그러나 '천문학적 통일 비용'이라는 말은 굉장히 과장된 것입니다. 언론이 통일 비용에 대해 계속 떠들어 대니 저 역시 그 규모가 궁금했습니다. 그래서 국제학술회의에 참석할 때마다 독일 전문가들에게 물어보았습니다. 독일 통일 과정에서 엄청난 돈이 들었다는데 대체 얼마나 들었느냐고 물으면, 독일 학자들 대부분은 깜짝 놀라는 반응을 보였습니다. 그러면서 저에게 반문합니다. "당신들 한국인들은 통일을 논하면서 어떻게 제일 먼저 비용부터 따지느냐. 통일이 필요하다면 비용이 얼마나 들든 해야 하는 것 아니냐." 그 말에 정말 창피했던 적이 한두 번이 아니었습니다.

독일이 통일 비용으로 적지 않은 돈을 쓴 것은 사실입니다. 하지만 우리의 경우와는 다른 영역에서 비용이 들어간 것이므로 그것을 우리에게 직접 적용하는 것은 무리가 있습니다.

그렇다면 통일 비용과 관련해서 과연 서독 사람들은 어떻게 반응했을까요? 그들은 통일세에 반발하지 않았을까요? 서독 사람들 사이에서도 당연히 반발은 있었습니다. '연대세(Solidaritätszuschlag)'라는 명목으로 새로 세금이 신설되니 기분이 좋지만은 않았겠지요. 그래서 초기에는 통일세에 대한 불만이 꽤 높았습니다. 이 무렵 '독일의 양심'이라고 불리는 작가 귄터 그라스가 입을 엽니다. 그는 서독 사람들에게 "착각하지 말라. 서독은 지금 동독에 시혜를 베푸는 것이 아니다. 옛날 우리가 동독인에게 진 빚을 지금 갚고 있는 것일 뿐이다"라고 말했습니다.

이게 무슨 말일까요? 이 말을 이해하려면 1945년 종전 직후의 상황을 좀 살펴야 합니다. 세계대전이 끝나자 독일은 동서로 분단되었고, 미국과 소련을 정점으로 한 동서 냉전이 시작되었지요. 제2차 세계대전의 가장 큰 피해자였던 소련은—유태인 사망자 수가 600만 명 정도였고, 소련인 사망자 수는 2천3백만 명에 달했습니다—독일에 전쟁 피해에 대한 배상을 요구합니다. 그러나 냉전이 심화되면서 서독은 소련에 대한 배상 문제를 외면합니다. 그렇게 되니 소련에 대한 모든 배상 책임을 동독이 홀로 떠맡게 된 것입니다.

귄터 그라스는 바로 이 역사적 사실을 짚은 것이지요. 독일 민족이 다 함께 저지른 범죄에 대한 책임을 동생 격인 작은 나라 동독이 혼자 떠맡았다는 사실을 지적한 것입니다. 따라서 통일세는 서독이 동독에게 진 바로 그 역사의 부채를 탕감하는 것이라고 그는 주장했습니다.

그라스의 '부채 탕감론'은 들끓던 통일세 논쟁을 잠재웠고, 서독인의 불만 정서를 누그러뜨렸습니다. 독일에는 이런 말을 할 수 있는 '지식인의 자리'가 있었습니다. 참으로 부러운 일이지요.

동독을 보는 서독, 서독을 보는 한국

동독인과 서독인은 삶을 대하는 기본 태도가 무척 달랐습니다. 사회주의와 자본주의라는 이질적인 체제에서 사회화되었기 때문이겠지요. 물론 40년간의 분단이 커다란 차이를 만들기도 했고요.

저는 독일이 통일되기 전에 동독의 실상을 들여다본 몇 안 되는 한국인 중 한 명일 겁니다. 그 당시 서방의 외국인은 동베를린을 방문할―물론 저녁 7시까지만―수는 있었지만, 동독의 다른 지역을 방문하는 것은 쉽지 않았습니다. 그런 상황에서 동독의 작센 지방을 둘러볼 수 있는 기회가 생겼습니다. 제가 박사과정을 밟고 있던 브레멘 대학에서 개설된 '환경문학' 강좌에서 작센 지방으로 수학여행을 가게 된 것입니다. 저는 이 여행을 통해서 서독과 동독의 차이를 몸으로 체험할 수 있었습니다. 특히 '동독 체제가 오래가지 못하겠구나'라는 예감을 이때 이미 갖게 되었습니다.

그것은 좀 씁쓸한 체험이었습니다. 사회주의의 붕괴는 곧 근대의 기획이 무너지는 것을 의미하기 때문입니다. 근대 사상가들이 품은 이상은 '인간이 이성에 의해 이 세계를 이해할 수 있고, 이성의 힘으로 이상적인 유토피아를 건설할 수 있다'는 믿음에 근거하고 있었습니다. 요컨대 인간은 이성적인 존재이며, 이성의 힘으로 좋은 사회를 건설할 수 있다고 믿었던 것이지요. 그 '이성의 기획'이 바로 사회주의였습니다. 그런데 동독의 '현실 사회주의'를 보면서 '인간이 과연 사회주의를 실현할 수 있는 존재인가'에 대해서 근본적인 회의를 갖게 된 것입니다.

동독에 머물던 일주일 동안 가장 큰 문제가 먹는 일이었습니다. 당시 서독에서 간 우리 일행은 대략 20여 명 정도였고, 7, 8명씩 세 그룹으로 나눠서 다녔습니다. 식사를 하러 갈 때도 그렇게 무리를 지어 몰려다녔습니다. 우리가 들어가는 레스토랑마다 공간이 텅텅 비어 있음에도 종업원들은 급히 식탁에 예약 팻말을 놓으며 예약이 다 차서 손님을 받을 수 없다고 했습니다. 기가 찬 일이었죠. 왜 그랬을까요? 쉽게 말하면 '일하기 싫다'는 것이었습니다. 그들은 특별히 우리를 손님으로 받을 이유가 없었습니다. 갑자기 손님이 8명이나 몰려오면 일이 많아지는데 그걸 감당하기 싫다는 것이지요. 그래서 밥을 먹는 일이 가장 힘들었습니다. 라이프치히 같은 대도시에서는 거의 밥을 '얻어 먹지' 못했는데, 먹을 곳이 없어서가 아니라 어딜 가도 '예약 중'이라고 하면서 우리를 받아주지 않았기 때문입니다. 할 수 없이 우리는 단체버스를 타고 30분 정도 교외로 나가서야 식사를 할 수 있었습니다. 도심이 아닌 시골에서는 그래도 다행히 먹을 것을 해주었으니까요.

제가 그 상황에서 느낀 것은 '인간은 사회주의를 할 수 없는 존재구나'라는 것이었습니다. '능력껏 일하고 필요한 만큼 가져가는' 사회주의적 인간은 '현실 사회주의' 사회에 존재하지 않았습니다. '가능한 한 일하지 않고 필요 이상으로 가져가려는' 자본주의형 인간이 여전히 변하지 않았던 거지요. 서비스업에서도 그런 모습인데 제조업이라고 다르겠습니까. 그렇기 때문에 모든 면에서 동독은 서독과 경쟁 상대가 되지 않았던 것입니다.

인간은 어떤 이념이나 이상을 위해서 활동하는 존재가 아니라, 본능과 탐욕의 명령에 따라 행동하는 존재라는 자본주의적 인간관이 승리한 것이지요. 동독의 몰락은 사회주의의 몰락이자, 낙관적 인간관의 몰락을 의미합니다.

저는 독일에서 살면서 서독 학생들을 볼 때마다 '이 아이들은 어떻게 얼굴에 긴장감이라곤 하나도 없나' 하고 생각하곤 했습니다. 한참 독일에 있다가 한국에 가면 한국 사람들의 표정이 무섭게 느껴졌습니다. 강한 긴장감이 표정에 배어 있으니까요. 그러다가 다시 독일에 가면 서독 사람들의 얼굴에서 평온함을 느꼈지요. 그런 평온한 얼굴의 서독 학생들이 동독 사람들을 가리키며 말했습니다. "저 사람들 얼굴 좀 봐. 긴장감이라곤 찾아볼 수가 없어. 완전히 얼빠진 사람들 같지 않아?" 제가 봐도 그랬습니다. 동독인의 얼굴은 아무런 긴장도, 의욕도, 탐욕도 없는 얼굴, 그야말로 해탈한 얼굴이었습니다. 달리 생각하면, 동독인들의 저 얼굴이야말로 인류가 한 번도 가져보지 못한 마지막 유토피아 거주자의 얼굴이 아닐까 싶기도 합니다.

2

남과 북, 다치지 않고 손잡는 법

감히 '통일'이라는 말도 꺼내지 못했지만

우리가 잘못 알고 있는 독일 통일에 대한 세 번째 오해는 독일이 우리와는 달리 통일 환경이 훨씬 우호적이었을 것이라는 생각입니다. 하지만 이 역시 완전히 잘못된 생각입니다. 사실 동독과 서독은 통일을 한다는 생각 자체가 없었습니다. 이런 상황에서 서독에서 환영비 매뉴얼을 만들어 놓았다는 것이 정말 놀랍게 느껴질 정도였지요. 당시 동서독에서는 '통일'이라는 말 자체가 금기어였습니다.

아시다시피 독일은 유럽에서 1, 2차 세계대전을 모두 일으킨 나라입니다. 그런 독일이 다시 통일을 하고자 한다면, 주변국들은 어떤 반응을 할까요? 모든 주변국들이, 물론 드러내 놓고 표현하지는 않았지만, 독일 통일에 반대했습니다. 유럽에서 독일 통일은 1945년 이후 가까스로 되찾은 평화의 전후 질서를 흔들고, 새로운 권력 지형을 조성하는 위험한 일로 여겨졌기 때문입니다. 그들은 사실 독일에서 통일이라는 말의 '통' 자만 나와도 부들부들 떨 정도로 독일의 재통일을 두려워했습니다. 유럽인의 머릿속에서 '독일 통일'은 자동적으로 3차 세계대전의 가능성으로 연결되곤 했습니다. 그런 상황이었기 때문에 귄터 그라스, 위르겐 하버마스(Jürgen Habermas)와 같은 저명한 지식인들이 명시적으로 통일에 반대한 것입니다.

귄터 그라스는 "아우슈비츠라는 인류 역사상 최악의 도덕적 재앙을 초래했던 민족은 통일을 요구할 도덕적 권리가 없다"라고까지 말했습니다. 정말 엄청나게 강력한 발언이 아닌가요? 그라스는 바로 '아우슈비츠 책임론'을 내세우며 강경하게 통일에 반대한 것입니다. 사실 독일은 통일국가로 지낸 기간이 그리 길지 않습니다. 한번 계산해 보세요. 비스마르크가 독일을 통일한 해가 1871년이고, 독일이 분단된 해가 1945년이니까 통일국가로 존재한 기간은 74년밖에 되지 않습니다. 그 길지 않은 기간에 통일국가 독일은 1차, 2차 세계대전을 일으킨 거지요. 그 짧은 기간에 인류에게 두 번이나 거대한 재앙을 안겨준 것입니다. 그런 나라가 또다시 통일을 요구한다는 것은 정당하지 않다는 것이 그라스의 입장이었습니다. 그는 지식인으로서 대단한 용기를 보여주었습니다.

그라스와 유사한 이유를 들어 유럽의 주변국들은 '독일 통일은 상상도 할 수 없는 일'이라고 못 박았습니다. 그럼에도 불구하고 동서독 간에 통일의 기운이 무르익자 그라스가 또 한번 나서서 매우 의미심장한 발언을 합니다. "독일 통일 문제의 핵심은 독일의 유럽화냐, 유럽의 독일화냐 사이에서 양자택일하는 것이다." 이것은 독일 통일 문제의 정곡을 찌르는 말입니다. 독일 통일은 단순히 독일 내부의 문제가 아니라 유럽 전체의 차원에서 성찰해야 할 문제라는 것이고, 독일이 유럽화될 것인가, 유럽이 독일화될 것인가를 선택하는 문제라는 뜻입니다. 그러면서 그는 "독일이 유럽화되어야지, 유럽이 독일화되어선 안 된다"고 단언했지요. 다시 말해, 민족국가 독일이 복원되는 형태로 통일이 된다면 중부 유럽에서 너무나 강력한 국가가 탄생해 유럽 전체가 독일의 영향력 아래 놓이게 될 것인데, 이는 독일을 위해서도, 유럽을 위해서도 결코 좋은 일이 아니라는 거지요. 20세기의 불행한 역사가 그 증거라는 겁니다. 이것이 귄터 그라스의 유명한 통일 반대론입니다.

이처럼 그라스가 '유럽의 독일화'에 반대하면서 내놓은 대안은 '독일의 유럽화'입니다. 이미 유럽 통합이 진행되고 있는 상황에서 왜 굳이 통일이라는 이름으로 낡은 민족국가를 재건하려 하느냐는 거지요. '유럽이라는 하나의 집(ein Haus Europa)'에 서독도 들어가고, 동독도 들어가면 되는데, 왜 굳이 결혼하여 한 살림을 차려서 들어가려고 하느냐는 겁니다. 동독, 서독이 각각 유럽연합에 참여하여 유럽의 일원이 되는 것, 다시 말해 독일이 유럽화되는 것이 독일과 유럽 모두를 위해 최선이라고 보았던 겁니다.

저는 2002년에 귄터 그라스를 초청하여 중앙대에서 국제 심포지엄을 개최한 적이 있습니다. 그는 황석영, 백낙청 등 한국의 주요 인사들과 함께한 이 심포지엄에서 한반도 통일을 위해 매우 중요한 조언을 해주었습니다. 그 후로 그와는 늘 가깝게 지내왔습니다. 저에게는 정신적인 아버지 같은 존재였지요. 제가 연구년이라 베를린에 머물던 2007년에 '베를리너 앙상블(Berliner Ensemble)'에서 그를 다시 만났습니다. 그때 그라스가 제게 이런 말을 했습니다.

"내 말이 맞았지요. 유럽이 다 독일화되지 않았습니까. 정말 위험한 상황입니다."

사실 그의 경고가 맞았습니다. 지금 유럽 전체가 독일의 압도적인 경제력에 지배당하고 있습니다. 서유럽은 독일의 앞마당, 동유럽은 독일의 뒷마당이 되었습니다. 유럽에 가보면 누구나 금방 느끼지요. 도로를 달리는 차들은 물론이고, 심지어 식료품점에 들어가도 거의 모든 제품들이 독일산입니다. 독일은 장기적인 호경기 속에서 거의 완전 고용 상태에 있습니다. 독일 경제가 유럽 전체를 끌고 가는 가운데, 영국이나 프랑스도 독일을 견제하기엔 역부족인 상황이지요.

권터 그라스는 이런 상황이 장기화되면, 독일이 패권적 지위를 갖게 될 것이고, 그것은 독일과 유럽 모두에게 불행한 결과를 가져올 것이라고 거듭 경고했습니다. 통일 이후에 발표된 그라스의 소설 『무당개구리 울음』에 이런 구절이 있습니다.

지금 독일은 히틀러가 탱크로 정복하지 못한 유럽을 경제력으로 정복하고 있다.

그라스의 이런 생각은 민족주의적인 관점을 뛰어넘어 세계시민적인 시각에서 나온 것입니다. 우리처럼 민족주의 정서가 강한 나라에서는 그라스의 글로벌한 관점을 쉽게 이해하지 못할 것입니다. 그러나 그라스 같은 지식인이 독일에 있었기 때문에, 유럽의 다른 나라 사람들이 '그래도 독일은 아직 건강하다'고 마음을 놓을 수 있는 거지요.

통일을 반대한 것은 서독 지식인만이 아니었습니다. 권터 그라스와 위르겐 하버마스가 통일을 반대한 서독의 대표적인 지식인이라면, 동독에도 통일에 반대한 지식인들이 많았습니다. 크리스타 볼프, 폴커 브라운, 헬가 쾨니히스도르프 등 동독을 대표하는 작가들도 대부분 통일에 반대했습니다. 이들은 동독 혁명을 주도한 재야 지식인들이었고, 유토피아의 꿈을 포기하지 않는 이상사회주의자들이었습니다. 그들은 동독이라는 '작은 독일'에 '자유의 왕국', '사회주의다운 사회주의' 국가를 세우고자 했습니다. 서독 자본주의에 대한 사회주의적 대안을 실현하는 것이 동독의 존재 이유라고 이들은 생각했습니다.

스탈린주의자 호네커를 비판하면서도 서독과의 통일에는 반대한 이들 이상사회주의자들의 복잡한 심경을 헬가 쾨니히스도르프는《디 차이트》에 기고한 칼럼에서 이렇게 표현했습니다.

우리는 우리를 둘러싸고 있는 체제를 받아들이지 않았다. 그러나 우리는 그 체제가 예전에 깃발 위에 그려 넣은 유토피아를 사랑했다. 그리고 언젠가는 거기에 닿을 수 있으리라는 희망을 버리지 않았다. 우리는 변화시키기 위해서 체제를 흔들어 댔지만 우리의 유토피아가 닿아 있던 나라를 결코 포기한 것은 아니었다.

당시 독일의 상황은 매우 복잡다단했습니다. 주변국들은 모두 단호히 통일에 반대하는 입장이었고, 동서독의 지식인들도 대부분 통일에 회의적이거나 반대하는 입장이었습니다. 이런 분위기

속에서 서독 정치인들의 머릿속에도 '통일'이라는 관념은 사실상 존재하지 않았습니다. 그래서 독일에는 사실 '통일부'라는 것이 존재한 적이 없습니다. '통일'이라는 말이 금기어였기 때문입니다. 우리의 통일부에 해당하는 부서의 이름은 '내독성(Ministerium für innerdeutsche Beziehungen)'이었습니다. 동서독 내부 관계를 관장하는 부서라는 의미입니다. 그 정도로 독일의 통일은 독일인들조차도 생각하지 못한 일이었습니다.

이런 상황들을 꼼꼼히 살펴보면 통일의 환경 혹은 분위기는 독일보다 우리가 훨씬 낫다는 것을 알 수 있습니다. 남북이 통일이 된다고 과연 '겁먹을 나라'가 있겠습니까? 독일과는 달리 우리는 주변국들이 모두 세계 최고의 강대국입니다. 미국, 일본, 중국, 러시아. 이 나라들도 물론 한반도 통일이 초래할 이해득실은 따지겠지요. 그러나 어느 나라도 남북이 통일된다고 안보상의 위협을 크게 느끼지는 않을 것입니다. 그것이 독일과 우리의 결정적인 차이입니다.

우리가 통일이 되면 가장 손해를 본다고 생각하는 나라는 일본일 겁니다. 그래서 일본은 상당히 노골적으로 한반도 통일을 방해해 왔습니다. 이와는 달리 아주 흥미롭게도 한반도 통일에 상당히 우호적인 태도를 보이는 나라는 바로 러시아입니다. 러시아는 우리가 통일이 되면 엄청난 규모의 천연가스를 팔 수 있을 뿐만 아니라 소위 '동부 지역 개발'에 탄력을 붙일 수 있다고 기대하기 때문입니다. 이렇듯 모두 나름대로 자기 나라의 국익에 맞춰서 득실을 따집니다. 그것은 당연한 일입니다. 중요한 것은 한반도 통일을 직접적인 안보상의 위협으로서 두려워하는 나라는 없다는 사실입니다. 우리 주변에 그런 나라가 없다는 것은 정말 다행스러운 일입니다. 우리가 습성화된 패배주의와 뿌리 깊은 냉전 의식을 떨치고 정치적 상상력과 외교적 잠재력을 제대로 발휘한다면 얼마든지 통일의 길을 열 수 있습니다. 우리에게 가장 큰 문제는 한반도를 둘러싼 열악한 지정학적 환경이 아니라, 정치인들의 빈곤한 상상력과 굴종적인 태도입니다.

남한과 북한, 두 병자가 만나다

저는 통일과 관련된 많은 모임이나 학회에 참석합니다만, 그럴 때마다 한 가지 가장 중요한 문제가 논의되지 않는다는 느낌을 갖곤 합니다. 그게 무엇일까요? 그것은 바로 한반도 통일 국가의 사회적 실체입니다. 여러분들은 통일이 된다면 어떤 사회에서 살고 싶으신가요? 혹시 이 점에 대해 생각해 본 적이 있나요? 우리는 통일에 대한 이야기를 많이 하지만 대개의 경우 이 문제에 대한 논의는 빠져 있습니다.

우리는 통일된 한반도 사회에 대한 정치적 상상력이 거의 없습니다. 아마도 대부분의 사람들이 너무나도 당연히 통일 한반도는 남한 사회가 확장된 형태가 되리라고 전제하기 때문일 것입니다. 만약 그렇다면 이는 대단히 위험한 생각입니다.

통일이 뜻하는 바가 무엇인지, 조금 시야를 넓혀 생각해 보지요. 결론부터 말하자면 한반도 통일이란 지난 20세기 내내 치열한 대결을 벌였던 거대한 두 사회 시스템 중에서 최악의 두 국가가 결합하는 사건일지도 모릅니다. 이를 이해하기 위해서는 먼저 20세기에 세계적 차원에서 경쟁했던 두 체제, 즉 사회주의와 자본주의 체제가 국가에 따라 다양한 형태를 가졌다는 사실을 기억해야 합니다.

사회주의만 해도 다양한 형태의 사회주의가 존재했습니다. 소련에서는 레닌 사회주의와 스탈린 사회주의가 있었고, 이들과는 완전히 다른 고르바초프 사회주의도 있었습니다. 서구 사회주의자들조차 동경했던 체코의 둡체크(Alexandr Dubček) 사회주의가 있었는가 하면, 자주적 성격이 강한 유고슬라비아의 티토(Josip Broz Tito) 사회주의도 있었습니다. 제3세계 해방운동의 상징이었던 베트남의 호찌민 사회주의, 쿠바의 카스트로(Fidel Castro) 사회주의, 중국의 마오쩌둥 사회주의도 있었습니다. 거기에 북한의 김일성 사회주의도 있었던 거지요.

그런데 이 김일성 사회주의는 아주 독특한 사회를 만들었습니다. 그것은 사회주의 역사상 최초의 세습 사회주의입니다. 지난

20세기 이래 수많은 사회주의 국가가 존재했지만 세습 사회주의 국가는 없었습니다. 쿠바의 경우처럼 형제 세습은 있었으나 자식에게 이어지는 봉건적 형태의 세습은 처음입니다. 그 세습 사회주의가 지금 3대째 걸쳐 이어지고 있습니다. 북한의 3대 세습 사회주의는 묘하게도 남한의 3대 세습 자본주의와 짝을 이루고 있습니다. 이는 우리 민족이 남북을 가릴 것 없이 유교주의의 전통이 강하다는 것을 말해줍니다. 이 점을 주목할 필요가 있습니다. 북한의 사회주의는 일종의 '봉건적 사회주의'라 할 수 있습니다.

자본주의도 사회주의와 마찬가지로 대단히 다양한 형태가 존재합니다. 자유시장주의의 원형인 미국 자본주의가 있는가 하면, 일본의 온정적 자본주의도 있습니다. 일본 자본주의는 아직 공동체 감각이 살아 있어서 보수당이 집권하더라도 우리처럼 약탈적이지는 않습니다. 또 유럽의 스칸디나비아 자본주의라고 하여 스웨덴, 노르웨이, 핀란드 등의 국가에서 볼 수 있는 복지국가 자본주의도 있습니다. 이들은 우리 입장에서 보면 자본주의라고 부르기가 어려울 정도로 사회주의에 가까운 자본주의를 표방합니다. 프랑스와 독일 역시 스칸디나비아 국가들보다는 약하지만 복지국가의 성격이 강한 자본주의 체제를 갖고 있지요.

이렇게 다양한 형태의 자본주의 체제 중에서 남한 자본주의의 성격은 어떻게 규정지을 수 있을까요? 이미 지적한 대로 한국의 자본주의는 근래에 들어서 약탈성이 대단히 강해졌습니다. 거의 야수 자본주의의 전형을 보여주고 있지요. 우리의 잘못된 정치 지형이 그렇게 만들어 놓은 것입니다. 야수성을 효과적으로 제어할 어떤 정치 세력도 존재하지 않기 때문에 남한은 자본주의 역사상 유례가 없는 약탈적 자본주의 사회가 된 것입니다.

이런 역사적인 배경을 염두에 둔다면, 우리는 통일의 문제를 새로운 시각에서 볼 수밖에 없습니다. 다시 말하면 한반도의 통일이란 지난 100년 동안 있었던 다양한 사회주의의 실험 중에서 가장 권위주의적인 사회주의 국가와, 지난 세기의 수많은 자본주의 사례 중에서 가장 약탈적인 자본주의 국가가 합쳐지는 것을 의미합니다. 이처럼 우리의 통일은 고질적인 병을 앓고 있는 두 국가가 하나가 되는 것입니다. 두 국가가 병을 앓고 있으면 먼저 어디로 가야 할까요? 결혼식장이 아니라 병원으로 가는 것이 순리겠지요. 결혼한다고 병이 낫는 것은 아니지 않습니까. 그래서 저는 한반도의 통일은 남북이 자신의 고질병을 치유하는 데서 출발해야 한다고 생각합니다. 북한의 권위주의적 사회주의를 민주화하고, 동시에 남한의 약탈적 자본주의를 인간화하는 것이 통일의 사회적 실체가 되어야 합니다.

이렇게 보면 남한에서 통일운동은 남한 자본주의를 치유하는 것에서 시작되어야 합니다. 자본주의의 효율성은 살리되 그 약탈성은 제어하여, 더 이상 인간을 잡아먹지 못하게 해야 합니다.

그래야 북한 주민들이 남한 사회를 동경하게 될 것이고, 그래야 비로소 통일의 문이 열리기 시작할 것입니다.

독일에서 통일이 가능했던 것은 무엇보다도 동독 사람들이 서독 자본주의를 동경했기 때문입니다. 서독은 인간이 살 만한 자본주의 사회라고 인정했기 때문에 동독인들 사이에서 통일의 기운이 빠르게 확산될 수 있었던 것입니다. 결국 통일은 마음의 통일입니다. 북한 주민들이 마음에서 우러나 우리 체제를 선택해야 통일이 되는 거지요.

그런데 보십시오. 남한 사회를 경험한 북한 주민들은 한결같이 '이곳은 사람이 살 곳이 못 된다'고 합니다. 탈북자들은 대부분 남한 사회에 와서 두 가지에 놀랐다고 말합니다. 첫째는 남한이 이렇게 부유한지 몰랐다는 것이고, 둘째는 남한 사회가 이렇게까지 비인간적일 줄은 몰랐다는 것입니다. 이런 그들의 모습은 한반도 통일의 길이 결코 순탄하지 않을 것임을 우리에게 경고합니다.

저는 남한 주도의 통일, 즉 남한의 약탈적 자본주의가 북한 지역까지 확대되는 방식의 통일에 반대합니다. 왜냐하면 그 첫 번째 피해자가 남한 주민들이 될 가능성이 높기 때문입니다. 만약 남한 주도의 통일이 이루어진다면, 약탈적 자본주의가 역사의 승자 행세를 할 것이고, 그 결과 약탈성이 더욱 강화될 것입니다. 물론 북한의 주민들이 받을 고통과 차별은 그보다 더 크겠지요.

서로의 생각과 이력을 존중하기

북한과 북한 주민을 대하는 우리의 태도에 대해서도 좀 더 깊이 성찰해 볼 필요가 있습니다. 북한 사람에 대한 남한 사람들의 인식은 상당히 잘못되어 있습니다. '우리는 정상이고 저들은 비정상이다'라는 생각이 남한 사람들의 마음에 각인되어 있습니다. 이러한 턱없는 우월주의는 경계해야 합니다. 우리는 북한 주민에 대한 배려와 존중이 아주 부족합니다. 더 나쁜 것은 우리 스스로가 이러한 사실을 인식하지 못하고 있다는 점이지요.

저 역시 마찬가지입니다. 한 가지 예를 들어보지요. 김대중 정부 때의 통일정책을 '햇볕정책'이라고 했습니다. 당시에 저는 '역시 민주 정부라 정책 이름도 예쁘구나'라고 생각했지요. 하지만 그건 착각이었습니다. 북한의 입장에서 한번 생각해 보세요. 아무리 부드러운 말로 포장되어 있다고 해도 자기들을 대상화하고 굴복시키겠다는 의도에는 변함이 없다고 느낄 것입니다. 과거에는 '삭풍'으로 벗기려 했다면, 이젠 '햇볕'으로 벗기려 한다는 차이가 있을 뿐이지요.

북한의 입장에서는 아주 불쾌하게 느낄 용어인데, 민주정부조차도 그것을 배려할 감각도, 감수성도 없었던 것입니다. 그 이전까지는 '때려잡자 공산당', '멸공 통일' 등 늘 살벌한 구호만 들었던 터라 햇볕정책이라는 말이 아름답게만 느껴졌던 거지요. 하지만 북한의 입장에서는 기분 나쁜 용어임에 틀림없지요. 그런 역지사지의 능력이 우리에게는 결여되어 있는 것입니다.

독일은 자신들의 통일정책을 '동방정책'이라고 불렀습니다. 그저 동쪽을 중시하는 정책이라는 뜻입니다. 상대에 대한 어떤 대상화도, 경쟁의식도, 경멸도 담기지 않은 건조한 말입니다. 동독에서도 그 말을 '이제 우리를 중시하겠다는 거구나'라고 받아들였습니다. 그런 점에서는 노태우 정부의 '북방정책'이 오히려 '햇볕정책'보다 낫다고 봅니다. 저는 통일정책에 관해서는 노태우 정부가 잘한 점이 적지 않았다고 생각합니다. 특히 소련, 중국과 수교한 것은 이 정부의 중요한 업적입니다.

이처럼 상대방에 대한 배려와 존중은 매우 중요합니다. 특히 우리가 북한 주민들을 만날 때는 그들이 거쳐온 삶의 이력을 이해하고 존중해야 합니다. 인간의 삶은 모두 자기 나름으로 최선을 다해 살아온 것이기에 유일무이하고 소중합니다. 그들이 잘못된 체제 속에서 곤궁한 삶을 살았다고 해서, 그들의 삶이 우리의 삶보다 더 무의미한 것은 아닙니다. 우리가 자본주의 사회 속에서 풍요를 누리면서도 경쟁의식에 찌들어 살았다면, 그들은 사회주의 속에서 가난하지만 서로 연대하는 삶을 살아온 것입니다.

금강산 관광이 한창이었을 무렵 저도 그곳을 둘러보면서 많은 것을 느꼈습니다. 북한 주민들과 처음으로 대화도 나눴고, 북한에서 만든 물건들도 보았습니다. 저는 그들이 생각했던 것보다 훨씬 가난해서 놀랐습니다. '매대'라고 불리는 판대기에 올려놓고 파는 물건들은 조악하기 이를 데 없었습니다. 우리의 1960년대 수준이라는 느낌이 들었습니다. 그런데 더 놀라웠던 것은 그들의 얼굴이었습니다. 너무도 맑고 순정한 얼굴들이었습니다. 그들을 보면서 '우리가 잃어버린 바로 그 얼굴이구나'라는 생각을 했습니다. 우리도 한때 저런 얼굴을 가지고 있었는데 지금은 더 이상 찾아보기 어렵다는 생각에 좀 서글퍼졌습니다. 우리가 잃어버린 저 순수한 얼굴이 독재 정권하에서만 살아남을 수 있었다는 것이 왠지 역사의 역설처럼 느껴졌습니다.

사실 우리가 보기에 북한 주민들은 좀 이상합니다. 정상으로 느껴지지 않을 때가 많지요. 아시안 게임으로 남한에 온 북한 선수들이 현수막에 인쇄된 김정일 위원장의 사진이 비를 맞는 것을 보더니 울면서 떼어달라고 한다거나, 김일성 주석이 사망했을 때 마치 친부모가 죽은 것처럼 오열하며 통곡하는 모습을 보면서 도대체 어떻게 저런 사회가 있을 수 있을까 의아해하곤 했습니다.

사실 지금 북한 사회는 더 이상 정치학자들의 연구 대상이 아닙니다. 언젠가부터 주로 사회심리학자들이 북한을 연구하기 시작했습니다. 북한에서 볼 수 있는 주민들과 권력자 사이의 '신비로운' 관계는 실로 사회심리학적 분석의 흥미로운 대상일 터입니다. 그러다가 한 4, 5년 전부터는 주로 인류학자들이 북한에 대한 연구에 뛰어들었습니다. 북한의 독특한 문화와 정치는 인류사에서 유례가 드문 인류학적 연구 대상이라는 거지요. 최근에 나온 훌륭한 문화인류학적 연구물로는 정병호·권헌익 교수의 『극장국가 북한』이라는 책이 있습니다. 북한이라는 국가 전체가 사실상 하나의 극장이고, 모든 것이 정치적 연출이라고 보는 관점이 매우 재미있었습니다.

얼마 전 문재인 대통령이 평양을 방문했을 때 거리에서 벌어지는 스펙터클을 보면서 저 역시도 하나의 거대한 연극을 보는 것 같다고 느꼈습니다. 인류 역사에는 다양한 형태의 공동체가 있었지만 북한과 같은 형태의 공동체는 흔치 않으므로, 응당 문화인류학자의 시선을 사로잡을 만한 매력적인 연구 대상일 수밖에 없습니다.

그런데 저는 남한 사람도 북한 사람 못지않게 이상하다고 생각합니다. 아니, 북한 사람보다도 더 이상하다는 생각이 들 때도 있지요. 과연 우리는 정상일까요? 천만의 말씀입니다. 한번은 북한 교육학을 연구하는 전문가에게 주체사상 등을 비롯해 북한에서 교육하는 내용을 북한 주민들은 실제로 어느 정도까지 자신의 신념으로 삼고 있는지 물어본 적이 있습니다. 북한 당국이 실행하는 교육을 신념화하는 사람들은 절반이 안 될 거라는 답이 돌아왔습니다. 제 예상대로입니다. 아무리 폐쇄적인 사회라 하더라도 누가 그런 교육을 다 믿겠습니까? 하지만 우리는 어떤

가요. 우리는 현재 한국 자본주의가 주입하는 핵심적인 이데올로기를 모두가 신념화하고 있지 않습니까. 경쟁 이데올로기, 소비 이데올로기, 승자독식 이데올로기 등등. 한국인들은 북한 주민들보다 더 경건하게, 더 무비판적으로, 자본주의가 내면에 심어놓은 이데올로기를 신념화하고 있습니다.

정말 잘 생각해야 합니다. 한국인들은 대다수가 자본주의 이데올로기를 아무런 의심 없이 자신의 신념으로 삼고 있습니다. 이것은 주체사상을 신념으로 삼는 북한 주민이 절반밖에 되지 않는다는 사실과 대비됩니다. 우리를 객관적으로 본다면, '북한 사람들은 비정상이고, 남한 사람들은 정상'이라는 통념은 성립할 수 없다는 것을 알게 될 것입니다.

한반도 통일과 관련하여 남북이 현재 직면하고 있는 핵심적인 문제는 두 가지입니다. 북한의 권위주의적 사회주의를 어떻게 민주화할 것인가, 남한의 약탈적 자본주의를 어떻게 인간화할 것인가. 이 두 개의 문제를 동시에 해결하는 것이 바로 통일 사회가 가야 할 길입니다. 다시 강조하지만, 지금 우리에게 시급한 것은 통일을 이루는 것이 아니라, 분단체제를 해소하는 것입니다. 이때 가장 중요한 전제는 '한반도에서 전쟁은 절대 안 된다'는 공동의 인식입니다.

3

성숙하고 평화로운 통일 한반도를 위하여

한반도의 정치적 미래는 북한 주민의 손에

통일과 관련해서 북한 정권이 어떤 구상을 가지고 있는지 추측하기는 어렵습니다. 그러나 김정은 정권이 자신들의 미래와 관련해 모델로 삼고 있는 나라가 중국이라는 것은 분명합니다. 북한은 향후 정치적으로 공산당이 권력을 유지하면서 경제적으로는 자유화하는 방식을 택할 가능성이 높습니다. 그것은 우리에게도 나쁘지 않은 신호입니다. 잘만 하면, 북한과 상시적으로 교류할 수 있는 토대를 만들 수 있을 것입니다.

이때 무엇보다도 중요한 것은 활발한 교류 속에서 서로를 이해하는 과정을 충분히 갖는 것입니다. 통일은 가능한 한 천천히 해야 합니다. 너무 빠른 통일은 모두에게 위험할 수 있습니다. 신중한 통일이 필요하다는 것, 독일은 바로 이 점을 우리에게 가르쳐주고 있습니다.

먼저 우리가 유의해야 할 것은 통일 이후 한반도의 정치적 미래는 북한 주민들이 결정할 것이라는 사실입니다. 통일 한반도는 남한이 주도할 것이라는 생각은 잘못된 예단입니다. 이것이 통일 이후 독일 사회가 우리에게 던져주는 중요한 교훈입니다. 물론 독일에서도 대다수가 서독인들이 통일 독일의 정치를 주도할 거라고 생각했습니다. 그러나 실상은 달랐지요. 현재 독일 총리로 있는 앙겔라 메르켈은 동독 북쪽의 조그만 변방 마을 출신입니다. 통일 이전에 과연 누가 동독 출신 여성 물리학자가 16년 동안이나 통일된 독일의 총리를 맡으리라고 상상이나 했겠습니까. 2018년까지 8년에 걸쳐 독일 대통령을 역임한 요하임 가우크(Joachim Gauck)도 역시 동독 출신 목사입니다.

저는 2007년 그가 대통령이 되기 전에 인터뷰를 한 적이 있습니다. 당시에는 저와는 생각이 달라서 두 시간 내내 논쟁을 벌였던 기억이 있습니다. 그런데 대통령이 된 이후에는 그때 논쟁한 내용과는 다른 정책을 펴서 깜짝 놀랐습니다.

통일 독일의 정치 무대를 휩쓴 동독 출신 정치인은 이에 그치지 않습니다. 12년 동안 국회의장을 지낸 사민당의 볼프강 티르

제(Wolfgang Thierse)도 동독 출신 독문학자입니다. 이처럼 통일 이후에 독일 정치를 쥐고 흔든 것은 놀랍게도 동독 출신 정치인들이었습니다.

이것은 통일 공간에서는 아무도 예상하지 못한 일이었습니다. 하지만 조금만 생각해 보면 사실 예상 못 할 일도 아니었습니다. 서독 사회는 보수와 진보가 거의 50대 50으로 균형을 이룬 사회입니다. 이런 상황에서 통일이 되었으니 누가 캐스팅보트를 쥐겠습니까? 동독 사람들이 지지하는 쪽이 승리하는 정치적 구도가 생겨난 것입니다. 동독의 유권자가 정치의 방향타를 쥐게 된 것입니다.

이것은 너무나 간단한 수학이었지만 통일 전에는 아무도 예상하지 못했지요. 이것이 동독 출신 정치인들이 통일 독일에서 중용된 배경입니다. 보수당인 기독교민주당은 전통적으로 두 가지 약점이 있었는데, 그것은 여성과 동독 지역 유권자였습니다. 이 약점을 메울 수 있는 인물이 바로 앙겔라 메르켈이었던 것입니다.

통일 한반도의 상황도 비슷할 것입니다. 통일 이후를 한번 상상해 보세요. 남한 사회는 소위 '보수'와 '진보'가 거의 반반으로 나뉘어져 있습니다. 대통령 선거에서 50만 표 이상 차이 난 적이 거의 없습니다. 예외는 딱 두 번이었는데, 이명박 전 대통령과 문재인 대통령이 당선되었을 때만 여야의 표차가 50만 표를 넘었

습니다. 그 외의 대선에서는 모두 박빙의 대결을 펼쳤다는 얘기
지요.

통일이 되면 북한의 2천6백만 주민 중 대략 2천만 정도가 유
권자가 될 것입니다. 그들은 과연 어느 쪽을 지지할까요? 그들이
선택하는 자가 통일 한반도를 지배할 것입니다. 역시 너무 간단
한 산수인데 우리는 그것을 생각하지 못한 것입니다. 북한 주민
이 통일 한반도의 정치적 미래를 결정할 것이라는 사실은 한반
도의 민주주의에 상당한 위험 요인이 될 가능성이 높습니다. 그
들은 한 번도 민주주의를 경험해 본 적이 없기 때문입니다. 그렇
기 때문에 장기적으로 통일을 준비하는 입장에서는 북한 주민에
게 체계적인 민주시민교육을 제공할 시스템을 갖추는 것이 대단
히 중요한 일입니다.

이 문제에서도 독일은 많은 시사점을 줍니다. 서독은 일찌감
치 '연방정치교육원(Bundeszentrale für politische Bildung)'이라
는 기관을 만들어 민주시민교육을 밀도 있게 시행해 왔습니다.
이것이 통일 이후에는 동독 주민들에게 민주주의를 가르치는
중요한 기관으로 확장되었지요. '북한 주민이 성숙한 민주시민이
되어야 통일 한반도가 성숙한 민주국가가 될 수 있다'는 모토로
우리도 '한반도정치교육원' 같은 기관을 만들어 체계적인 민주
주의 교육을 시행해야 할 것입니다.

한반도 통일의 시나리오와 관련해서 주목해야 할 것이 하나

더 있습니다. 그것은 북한이 남한과 통일을 이루기보다는 중국에 흡수될 가능성이 훨씬 높으리라는 가설입니다. 실제로 독일 통일과 관련된 국제 심포지엄에 참석해 보면, 이런 가설을 제기하는 독일 학자들이 의외로 많습니다. 남북 통일은 현실적으로 어려운 일이니, 북한이 중국의 한 성으로 편입될 공산이 크다는 얘기지요. 이것도 사실 유력한 시나리오 중 하나입니다. 그러나 우리 입장에서는 용납하기 어려운 얘기지요. 북한의 미래가 그렇게 흘러가도록 방치해서는 안 될 것입니다.

단호하게 평화를 요구할 것

문재인 정부는 성숙한 민주시민들이 지펴낸 촛불혁명을 통해 탄생한 정부입니다. 그러므로 민주혁명 정부라는 자의식을 갖고 당당하게 통일 과정에 임해야 합니다. 지금 우리 주변에 있는 4대 강국을 포함한 한반도 통일 관련국 중에서 가장 강력한 도덕적 권위를 가지고 있는 정부는 바로 문재인 정부입니다.

트럼프 정부는 미국 민주주의가 막장으로 치닫고 있음을 보여주는 생생한 사례입니다. 세계 어느 나라도 더 이상 미국을 존경하지 않습니다. 정치학에서는 동의에 의한 지배를 '헤게모니(hegemony)'라고 합니다. 미국이 그동안 강력한 힘을 가졌던 것은 군사력 때문이 아니라 헤게모니적 지배를 해왔기 때문입니다. 그런데 조지 W. 부시 대통령 이후 몰락하기 시작한 미국 헤게모니는 오바마 대통령을 통해 어느 정도 회복되는가 싶더니, 이제 트럼프 대통령에 이르러 완전히 바닥으로 곤두박질치고 있습니다. 미국은 세계의 왕따로 전락했습니다.

러시아 민주주의는 보통 '마피아 민주주의'라고 이야기합니다. 소련 정보부(KGB) 출신의 푸틴 대통령 자체가 그런 음모적 행태를 체현하는 인물입니다. 일본의 아베 수상은 군국주의의 부활을 꾀하는 준파시스트입니다. 중국의 시진핑 주석은 그야말로 중국 민주주의의 죽음을 표상하고 있습니다.

이렇게 주변을 둘러보면 문재인 정부처럼 민주적 정당성을 확보하고 있는 정부는 없습니다. 정치와 외교에서도 도덕적 권위는 유력한 수단입니다. 문재인 정부는 바로 이 점을 적극 활용해야 합니다. 트럼프가 이런 말을 한 적이 있습니다.

"어린 시절 브루클린에서 월세 114달러 13센트를 받는 것보다 한국에서 방위비 10억 불을 받는 게 더 쉬웠다."

우리가 상대하고 있는 트럼프가 바로 이런 사람입니다. 저는 특히 '13센트'에 서려 있는 저 조롱과 경멸과 비하의 정서에 경악하고 분노했습니다. 더 이상 이런 말을 들어서는 안 됩니다.

이런 어처구니없는 상황에 처한 데에는 우리 자신의 책임도 큽니다. 문재인 정부는 우리의 일을 남의 일 보듯 행동해 왔습니다. 한반도 문제는 일차적으로 우리의 문제이지, 미국의 문제가 아닙니다. 제발 더 이상 촉진자니, 중개자니, 운전자니 하는 말은 사용하지 말아야 합니다. 우리가 핵심 당사자인데, 왜 미국 옆에서 촉진하고, 중재하고, 운전하겠다는 것인지 이해할 수 없습니다. 그런 굴종적인 태도 때문에 미국은 한국을 자기 마음대로 할 수 있는 종속변수로 생각하고 있습니다. 자기들이 시키는 대로 하는 속국이라고 보고 있습니다. 그것이 잘못된 생각임을 분명하게 깨우쳐 주어야 합니다. 한국은 미국의 종속변수가 아니라, 독립변수라는 걸 보여주어야 합니다.

바로 이것이 지난 3년 동안 문재인 정부가 추진한 소위 동북아 평화프로세스라고 하는 일련의 과정 속에서 얻은 교훈입니다. 우리가 독립변수로서 한반도에 새로운 상황을 창출하고, 해묵은 장해를 타개해 나가야 합니다. 예를 들어, 개성 공단이나 금강산 관광 등의 사안이 일일이 트럼프와 상의해야 할 일인지 근본적으로 재고해야 합니다. 이 정부가 한미동맹이라는 틀에 묶여 종속적인 사유를 벗어나지 못한다면 한반도의 평화는 오지 않습니다. 이런 맥락에서 저는 한국의 자주적인 외교 원칙으로서 '문재인 독트린'을 천명해야 한다고 신문 칼럼을 통해 여러 차례 촉구했습니다. 독트린에 들어갈 메시지는 자명합니다. "1. 우리는 민족자결주의, 국민주권주의라는 근대국가의 기본 이념에 입각하여 한반도의 평화와 남북의 공동 번영을 추구한다. 2. 우리는 이러한 목적에 반하는 모든 행동에 반대한다."

이런 원칙이 공식적으로 천명된다면, 이는 미국의 일방적인 압력에 맞설 수 있는 중요한 기준과 근거가 될 것입니다. 지금 우리는 매일같이 미국의 오만을 목도하고 있습니다. 작금의 상황은 미국이 과연 이 나라를 동맹은커녕 주권국가로서 인정하고 있는지조차 의심하게 합니다. 문재인 정부는 더욱 담대하게 미국과 상대해야 합니다. 미국에 굴종하며 일방적으로 끌려다녀서는 한반도 평화를 견인할 수 없습니다. 우리가 미국 앞에 당당히 서야, 한반도가 변합니다.

독일엔 그런 당당한 인물이 있었습니다. 바로 빌리 브란트 수상입니다. 만일 브란트라는 인물이 없었으면 과연 독일 통일이 가능했을까요? 브란트라는 탁월한 정치인이 가진 비전과 용기가 오늘의 독일 통일을 가져왔다고 해도 과언이 아닙니다. 저는 소위 '영웅사관'을 믿지 않습니다. 역사를 바꾸는 것은 어떤 거대한 민중의 힘과 시대 정신이지, 특정 개인의 영웅적 행위라고 생각하지 않기 때문입니다. 하지만 요즘에는 영웅사관에도 일말의 진실이 있는 것이 아닐까 생각하게 되었습니다. 바로 빌리 브란트라는 인물을 보면서 말입니다.

브란트가 수상에 오른 1960년대 말에 독일은 세계에서 가장 큰 미군 기지가 있는 나라였습니다. 두 번째로 큰 기지는 일본에 있었고요. 두 나라가 모두 2차 세계대전의 패전국이었기 때문에 대규모의 미군이 주둔하고 있었던 것입니다. 그리고 그들에 이어 세 번째로 큰 미군 기지가 있는 곳이 바로 대한민국입니다. 여기서 주목해야 할 것은 브란트가 수상으로 선출되었던 당시 독일은 패전 국가로서 거의 미국의 종속국에 가까운 정치적 예속 상태에 있었다는 사실입니다. 바로 그런 열악한 상황에서 브란트는 기존의 냉전 질서를 깨는 독자적인 외교 노선인 '동방정책'을 들고 나온 것입니다. 동구권과 화해하고 교류하겠다는 브란트의 새로운 외교 노선 천명에 미국은 깜짝 놀랄 수밖에 없었지요.

빌리 브란트의 동방정책을 입안한 인물은 에곤 바르(Egon Karl-Heinz Bahr)였습니다. 그는 '독일 통일의 설계사'라고 불릴 정도로 새로운 통일 정책을 기획한 브란트의 핵심 참모였습니다. 우리는 연구 프로젝트의 일환으로 바르와 인터뷰를 하면서 독일 통일의 '비사'를 들은 적이 있습니다. 당시 미국은 닉슨 대통령 시절이었고, 헨리 키신저가 국무장관을 맡고 있었습니다. 에곤 바르와 헨리 키신저는 서로 이름을 부를 정도로 아주 가까운 사이였습니다. 바르는 키신저를 만나서 서독이 앞으로 동구권과 외교 관계를 맺고 교류를 활성화하는 새로운 정책을 펼칠 것이라고 밝혔습니다. 이 말에 키신저는 매우 놀라면서 그런 문제를 왜 사전에 상의하지 않았느냐고 펄펄 뛰었지요. 이에 바르는 한마디로 상황을 정리합니다.

"헨리, 나는 지금 자네한테 동의를 구하러 온 게 아니야. 통보를 하러 왔을 뿐이네."

결국 패전국의 수상인 빌리 브란트가 냉전 상황 속에서 새로운 세계 질서를 만들어냈습니다. 데탕트, 즉 해빙의 시대를 열어젖힌 것입니다. 바르에 따르면 당시 브란트의 궁극적인 비전은 독일 통일이 아니었습니다. 브란트는 독일 통일을 바탕으로 유럽을 통합하고, 유럽 통합을 통해서 세계 평화를 이루려는 원대한 비전을 갖고 있었던 것입니다.

빌리 브란트가 결국 미국과 프랑스 등 서방 국가들을 설득할 수 있었던 것은 어떻게 보면 그가 이처럼 원대하고 보편적인 비전을 가졌기 때문입니다. 우리가 바르와의 인터뷰를 통해 알게 된 한 가지 더 놀라운 사실은 당시 서독 내부에서 빌리 브란트의 위상이 대단히 취약했다는 점입니다. 그는 특히 보수당인 기민당, 기사당으로부터 '빨갱이'라는 공격을 끊임없이 받았습니다. 기사당에서는 그가 사민주의자이니 초록은 동색으로 동독의 사회주의자와 잘 통하는 것이라고 비난하기도 했습니다. 그런 십자포화를 맞으면서도 브란트가 선택한 것은 후퇴가 아니라 전진이었습니다. 바로 의회 해산과 재선거를 택한 것입니다. 물론 재선거의 핵심 쟁점은 동방정책이었지요. 이 선거에서 사민당은 당 역사상 최고의 압승을 거두게 됩니다. 그 후 동방정책은 탄탄대로를 달리게 되지요.

한국에서는 미국과 갈등이 생기면 수구 세력이 목소리를 높입니다. 그들은 정말 터무니없이 낡고 시대착오적인 냉전 논리로 엄청난 공격을 퍼부어 댑니다. 그러면 민주개혁 세력은 그것이 두려워서 끊임없이 뒤로 물러나 수세적 태도를 취합니다. 이런 관행이 지금까지도 수십 년간 그대로 이어져 오고 있습니다. 이제 이런 관행을 끝낼 결단이 필요한 순간이 되었습니다.

저는 필요하다면 한반도 통일과 평화 문제를 걸고 국민투표를 실시하는 것도 고려해야 한다고 생각합니다. 이 국민투표는 통일이 우리에게 가져오는 것이 무엇인지, 경제적 효과는 무엇인지, 정치적·문화적으로는 어떤 변화가 있을 것인지, 분단이 우리에게 준 상처는 무엇이고 이를 어떻게 극복할 것인지 등 분단 시대가 남긴 수많은 숙제들을 논의하는 기회가 될 것입니다.

다시 한 번 말하지만 우리의 문제는 무엇보다도 정치적인 상상력이 너무도 빈약하다는 데 있습니다. 우리 스스로를 종속변수로 보는 태도도 바뀌어야 합니다. 우리가 움직임으로써 새로운 상황을 창출할 수 있다는 자신감을 가져야 합니다. 바뀌는 상황에 무조건 적응하려고만 해서는 안 됩니다. 우리는 새로운 상황을 만들고, 잘못된 상태를 바꿀 만한 충분한 능력을 갖추고 있습니다. 단지 그것을 실행에 옮길 용기와 비전이 없을 뿐입니다.

거울 앞에서 당당하기

1919년 타국에서 임시정부를 세운 이후 100년의 세월이 흐른 오늘, 대한민국은 정말 대단한 나라가 되었습니다. 식민 지배와 분단, 냉전과 내전, 군사독재라는 참혹한 역사의 질곡을 거치고도 이런 반듯한 나라를 만들었다는 데 우리는 충분히 자긍심을 가질 자격이 있습니다. 그렇지만 여기서 멈출 수는 없습니다. 우리는 보다 더 성숙한 민주주의 사회를 건설해야 합니다. 그리고 우리가 절대로 경험해선 안 되는 것은 전쟁입니다. 한반도에서 영원히 전쟁 가능성을 불식시키는 것, 한반도에 영구 평화를 정착시키는 것─이것이야말로 우리 세대에게 주어진 역사적 과제입니다.

지금까지 한국 민주주의가 얼마나 위대한지 더듬어 보았고, 동시에 우리의 일상에서 민주주의가 여전히 요원하다는 사실도 짚어보았습니다. 꼭 강조하고 싶은 것은 우리 자신이 민주주의자가 되지 않는 한 한국의 민주주의는 결코 안정적으로 뿌리내리지 못하리라는 사실입니다. 어쩌면 민주주의는 정치 체제의 문제가 아니라, 삶을 대하는 태도의 문제일지도 모릅니다. 삼권분립과 대의민주주의를 신봉한다고 다 민주주의자가 아닙니다. 민주주의자는 어디서나 당당하게 자신의 주장을 펼치고, 타인의 의사를 존중하고, 불의한 권력에 저항하는 '강한 자아'를 가진 자입니다.

우리는 또한 한국 정치의 본질은 수구와 보수가 권력을 분점하고 있는 과두정치라는 사실을 알게 되었습니다. 기울어진 운동장은 거대 여당과 야당 사이에 있는 것이 아니라, 기존의 과두지배 세력과 미래의 개혁세력 사이에 있습니다. 지난 70년간 지배해 온 수구-보수 과두지배 체제를 타파하지 못하는 한 한국 사회의 질적 변화는 불가능합니다.

우리는 지금 '50년 지각한 68혁명'의 현실을 목도하고 있습니다. 지극히 취약한 여성 인권과 페미니즘, '가면 쓴 민주주의'의 현실, 사회적 소수자에 대한 인권 감수성의 부족, 성 해방 의식과 정치적 상상력의 빈곤, 반권위주의 교육의 부재 등 그 사례는 다 손꼽기도 어렵습니다. 68혁명의 부재로 인해 한국은 현대사에서 유례가 없는 부조리한 사회가 되었습니다. 소외, 자율, 탈물질주의, 반권위주의의 개념이 아직도 도착하지 못한 사회, 페미니즘과 생태주의, 평화주의에 대한 감수성이 빈약한 사회, 군사문화가 생활 구석구석에 배어 있는 병영사회가 된 것입니다.

68혁명은 세계 어디에서나 해방의 시작을 알렸지만, 한국에서만은 억압의 시작을 의미했습니다. 이제라도 이 뒤집힌 역사를 바로잡아 68혁명이 꿈꾸던 사회, 모든 억압으로부터 해방된 성숙한 사회로 나아가야 합니다. 그렇게 헬조선을 넘어서야 합니다.

86세대의 실패는 이 세대의 비극을 넘어 우리 사회의 비극입니다. 지금이 86세대에게는 어쩌면 마지막 기회인지도 모릅니다. 재벌개혁, 정치개혁, 교육개혁, 검찰개혁, 사법개혁을 결연히 감행하여 새로운 대한민국을 만들어야 합니다. 그렇게 하여 후세대에게 '지옥'을 넘겨주지 않는 것이야말로 86세대에게 남겨진 마지막 시대적 소명입니다.

한반도 통일에 대해서도 여러 시각에서 새롭게 성찰해 보고, 좋은 통일의 모습에 대해서 고민해 보았습니다. 저는 여러분들이 가능하면 통일 문제를 자신의 삶과 가까이 있는 문제로 인식해 주길 바랍니다. 분단으로 인해 '나'의 성격 구조가 왜곡되고, 한국 사회가 기형화되고, 한국이라는 국가가 불구화되었습니다. 이런 현실을 극복하기 위해서는 당장 통일이 되지 않더라도 분단체제만큼은 하루속히 해체해야 한다는 사실을 꼭 기억해 주시기 바랍니다.

통일 문제와 관련하여 무엇보다도 중요한 것은 '민족 이성'의 관점에 서는 것입니다. 냉전의 광기에서 벗어나는 것, 강대국의 대리인 구실에서 탈피하는 것, 진영 논리보다 민족의 현실을 중시하는 것, 이것이 민족 이성이 우리에게 요청하는 것입니다. 이제 냉전의 광기에 눈먼 기나긴 적대의 시대를 마감하고, 민족 이성에 눈뜬 새로운 평화의 시대를 함께 열어가야 합니다.

미국의 강력한 영향력 아래서도 독자노선을 걸어온 독일은 우리에게 많은 시사점을 줍니다. 브란트 총리의 '동방정책'은 말할 것도 없고, 그 이후에도 독일은 줄곧 자신의 길을 걸어왔습니다. 슈뢰더 총리는 미국의 신자유주의적 공세에 맞서 '독일의 길'을 천명했고, 메르켈 총리는 트럼프의 '미국 우선주의'를 비판하며 '유럽의 길'을 선언했습니다. 이제 우리도 분명하게 '한국의 길'을 천명할 때가 되었습니다. 그것은 한반도 평화, 동아시아 평화, 세계 평화로 이어지는 길이며, 인권과 정의, 연대와 인류애로 나아가는 길입니다.

문재인 정부는 대한민국의 국제적 위상과 한국인의 높은 정치의식을 믿고 미국을 상대해야 합니다. 반대할 것은 반대하고 요구할 것은 요구하면서 당당하게 우리의 입장을 관철해야 합니다. 우리가 독립변수로서 움직여야 한반도 평화프로세스도 온전히 굴러갈 수 있습니다. 문재인 정부는 보다 담대하게 통일 문제에 임하고, 보다 용기 있게 미국을 상대해야 합니다.

이제 저의 긴 이야기를 마무리할 때가 되었습니다. 제 강의를 경청해 주셨던 청중분들과 이 글을 읽어주신 독자분들 모두에게 감사의 말씀을 드립니다.

우리의 불행은 당연하지 않습니다

초판 1쇄 2020년 3월 6일
초판 20쇄 2024년 10월 5일

지은이 | 김누리
펴낸이 | 송영석

주간 | 이혜진
편집장 | 박신애 **기획편집** | 최예은 · 조아혜 · 정엄지
디자인 | 박윤정 · 유보람
마케팅 | 김유종 · 한승민
관리 | 송우석 · 전지연 · 채경민

펴낸곳 | (株)해냄출판사
등록번호 | 제10-229호
등록일자 | 1988년 5월 11일(설립일자 | 1983년 6월 24일)

04042 서울시 마포구 잔다리로 30 해냄빌딩 5 · 6층
대표전화 | 326-1600 **팩스** | 326-1624
홈페이지 | www.hainaim.com

ISBN 978-89-6574-989-9